识干家

企業閱讀　學以致用

OTC 医药代表药店开发与维护

OTC YIYAO DAIBIAO YAODIAN KAIFA YU WEIHU

鄢圣安◎著

中华工商联合出版社

图书在版编目（CIP）数据

OTC 医药代表药店开发与维护/鄢圣安著 . —北京：中华工商联合出版社，2014. 10

ISBN 978-7-5158-1098-0

Ⅰ . ①O… Ⅱ . ①鄢… Ⅲ . ①非处方药—专业商店—商业经营 Ⅳ. ①F717. 5

中国版本图书馆 CIP 数据核字（2014）第 225487 号

OTC 医药代表药店开发与维护

作　　者：鄢圣安
责任编辑：于建廷　臧赞杰
责任审读：郭敬梅
封面设计：久品轩设计
责任印制：迈致红
出版发行：中华工商联合出版社有限责任公司
印　　刷：三河市文阁印刷有限公司
版　　次：2014 年 12 月第 1 版
印　　次：2014 年 12 月第 1 次印刷
开　　本：787mm × 1092mm　1/16
字　　数：200 千字
印　　张：14. 75
书　　号：ISBN 978-7-5158-1098-0
定　　价：39. 80 元

服务热线：010 – 58301130
团购热线：010 – 58302813
地址邮编：北京市西城区西环广场 A 座
19 – 20 层，100044
http：//www. chgslcbs. cn
E-mail：cicap1202@ sina. com（营销中心）
E-mail：gslzbs@ sina. com（总编室）

博瑞森图书：企业阅读　本土实践

亲爱的读者朋友：

也许您是博瑞森图书的老读者，也许是新朋友，欢迎您阅读博瑞森图书！

当今中国，各行各业都存在着转型升级的压力与机遇。博瑞森图书与您一同应对转型挑战并发现其带来的机遇。

我们一直在问：什么样的书能为您解决管理难题并带来启发？

我们一直在找：哪些作品能帮助企业从跟随到领先？

我们一直在做：把最好的作品以最便捷的方式呈现给您，纸质版、电子版、书摘邮件、微信……

我们策划图书的原则是：

- 企业阅读——与您一样，做水中的游泳者，而非岸上的观众或教练，企业的困惑就是我们的任务。
- 本土实践——与您一样，立足本土环境，追求卓越实践，传播最适合当下中国企业的管理之道。

我们也向所有的企业管理者、管理咨询专家和企业研究者征稿，让更多被实践检验的好思想、好方法迸发出来，为企业助力！（bookgood@126.com 或 QQ：1963328416 或手机号 13611149991，绝非“自费出书”，不向作者收取任何费用）

如果有一天，您把博瑞森图书视为您优秀的事业伙伴、管理助手，我们也就实现了自己的梦想。

博瑞森图书

总是有医药零售代表徘徊在药店门口不敢进去；

总是有医药零售代表进了药店却不知道怎么说第一句话；

总是有医药零售代表不知道如何系统地介绍产品并打动客户；

总是有医药零售代表被客户无情地拒绝、敷衍；

总是有医药零售代表不知道在药店如何开展工作；

总是有医药零售代表不知道怎么提高产品销量；

总是有医药零售代表不知道怎么做客情维护；

总是有医药零售代表不知道怎么做自我管理和客户管理；

总是有医药零售代表把销量不好归结于产品价格有问题。

真正的原因在于，你不是一个专业的医药零售代表，价格问题永远不是产品动销不好的主要原因。

本书为您解决这些疑问。

医药行业被人们看作暴利行业，从事医药行业的人被看作有钱人，很多人削尖了脑袋往医药行业里钻，可是，也有很多人在兴奋地加入医药行业后，又灰溜溜地逃离了。究其原因，一方面，他们对医药行业不了解，短时间内不赚钱，这与他们的收入期望相差甚远；另一方面，没有一个好领导带领他们往前走，他们迷茫、不知所措，最后“死”在了通往成功的路上。

我曾经买了一些与业务相关的书籍给业务员学习，拜读之后，总感觉那些所谓的“实战教程”、“实战宝典”，理论太多、实战太少。于是，我写了一个培训提纲，我的业务员实际上是本书的第一批读者，培训后效果明显。就这样，我萌生了写书的想法。

在本书中，理论和实践真正结合。所谓的真正结合就是在每个理论或论点下，都会有一个实际的例子作为支撑。只要你把这些话术、套路用到自己的产品上，就能取得一定的效果。让你真正地了解到，医药零售终端怎么做能快速提高业绩。

此书的一些观点和做法只是我的实战经验和向优秀者学习得来的，里面的案例都有出处，不是人为杜撰的，为了增强实效性，我不用化名和虚拟产品名称。业务员都是我的战友，产品都是我曾经征战沙场的骄傲，希望各位战友和产品的厂家不要追究我的责任，因为这里仅作案例、启发读者之用。

不求本书能给您带来多大的转变，只求让徘徊在医药零售行业门外的人对医药零售行业有所了解，看您适不适合在本行业中发展；只求在医药零售行业中迷茫的战友们能清楚如何在这个行业中生存、发展；只求作为自己职业生涯的总结，能对已经在这个行业中行走多年的战友们开展新业务有一定的帮助。

祝愿所有奋斗在医药零售行业终端的战士们，在成功的道路上越走越远！

鄢圣安

2014 年 8 月

第五章　动销：销售日常拜访

第六章　客户管理

知识扩充2 医药零售行业主流销售模式

知识扩充3 医药零售代表工具包

忠告亲爱的战友

1. 没有利益就没有客情，没有客情就没有首推，没有首推就没有销量。

2. 销售不跟踪，最终一场空。

3. 没有专业化的推广，只能陷入残酷的价格战。

4. 勤奋是一切成交的基础。

5. 销售无淡季，只是没办法。

6. 我从未见过一个早起、勤奋、谨慎、诚实的人抱怨命运不好，良好的品格、优良的习惯、坚强的意志，是不会被假设的命运击败的。（富兰克林名言）

7. 既然时间、生命是自己的，工作就不是别人的！抱怨解决不了问题，要么全力以赴地干，要么早点辞职，在任何位置混日子的人，迟早会被日子混。混到三十多岁就成了“残废”，混过四十岁就成了职场“乞丐”。企业不是做“慈善”，今天不努力，你可能被“慈善”。

第一章
了解工作的对象——零售终端

在加入医药零售行业前，在各大招聘网站上可以看到五花八门的职位名称，如第三终端代表、OTC 代表、零售代表、KA 专员等，其实，实际的工作内容基本一样。我们就不由得发出疑问了：难道我们的工作只针对第三终端吗？难道我们只卖 OTC 药品吗？

第一节 何为医药零售终端

药品零售是指把药品或随药品而提供的服务直接出售给最终消费者的行为。医药零售的终端是指从事医药零售活动的基本单位或场所。通常情况下，我们将医药零售终端分为三个终端，第一终端指大型医院，第二终端指药房，第三终端指乡镇医院及诊所。

第三终端的定义为：除医院药房、药店（包括商场中的药品专柜）外，直接面向消费者开展医药保健品销售的所有零售终端。因此，医药企业或医药公司成立的第三终端部、OTC 销售部，严格来说是不符合划分标准的。因为这些部门主要针对药店和门诊，在药品的销售类型上也会涉及处方药和保健品，甚至是化妆品和医疗器械产品，但这些无关紧要，这里只是做解释说明。

OTC 代表中的“OTC”是什么意思？“OTC”是非处方药的意思，即可以放在柜台上出售的药品。一般定义是，普通人能直接购买并控制用法和用量的药物，它们在药店甚至在商场的超市中就能直接买到，也就是消费者不需要持有医生的处方就可以直接从药店购买的药物。国际常用术语有 Nonprescription Drug，Over The Counter，其中，Over The Counter 的简写就是“OTC”。OTC 药品具有疗效稳定、作用温和、副作用小且不掩盖其他疾病的特点。

根据药品的安全性将非处方药分为甲、乙两类。非处方药的专有标识图案为椭圆形背景下的 OTC 三个字母。我国公布的非处方药标识，甲类为红色椭圆形底阴文，色标为红底白字；乙类为绿底椭圆形底阴文，色标为绿底白字。

第一批公布的非处方药品全部按甲类非处方药管理。经营甲类非处方药品的零售药店必须具有《药品经营许可证》，配有驻店执业药师或药师以上药学专业人员。乙类非处方药可以在地方药品监督部门批准的非药品专营企业以外的商业中零售，必须配备专职的具有高中文化程度、经专职培训后考核合格并取得上岗证的人员。

第二节　了解我国药品零售发展现状

只要有零售终端存在，医药零售代表岗位就会存在，我们就有自己的生存空间。根据《2013 年中国医药发展蓝皮书》，我们可以获取以下信息。

据国家食品药品监督管理总局资料显示，截至 2013 年 11 月，我国的药店总数（包括连锁门店和单体药店）为 43 万多家，比 2012 年增长了 2.4%。

其中，单体药店数量为 27 万多家，比 2012 年上升了 1%，与连锁企业转变经营策略，以及各种单体药店联盟的成立和推广有关。单体药店多分布在连锁药店覆盖不到的城乡地区，随着单体药店的“抱团”，单体药店的竞争力得到提升，也使单体药店拥有更多有利的发展机会。

连锁企业数量为 3376 家，与 2012 年相比，增幅减缓，同比上升 8.7%，连锁门店数量的增长率仅为 4.9%。表明在市场环境日趋恶劣的情况下，企业连锁率提高，但连锁力下降。为保证利润，连锁企业更倾向于选择关闭不盈利甚至负增长的门店。连锁企业从过去的跑马圈地，单纯追求门店数量的增长逐渐转向提升门店质量与盈利能力上。

相对于实体药店由于门槛和成本的上升导致的弱增长，网上药店发展势头锐不可当。2013 年，医药 B2C 交易规模达到 42.6 亿元，虽然只占药店零售总额的 1.71%，但较 2012 年已有 166% 的增长。在调查数据中有两点值得注意，医药 B2C 销售占比最大的不是药品，而是医疗器械，占比 52.8%；消费人群多为 25 ~ 35

岁的女性用户，而不是实体药店的中老年主流消费者。可以看出，网上药店和实体药店在受众人群和销售产品上并不完全一致，大有空间可挖，医药零售代表要与时俱进，多了解相关内容。

根据上述我国医药销售终端的情况和中国药店目前存在的“多、小、乱、散”的特点，我们要抓住核心个体单店、服务好连锁药店、做到“销售通畅”，指导有网上药店的连锁药店根据产品在全国各个区域的销售情况做好布局。

下面是《中国药店》2013 年中国药店单店排行榜（如表 1－1 所示）、网上药店的销售数据（如表 1－2 所示）和各省区的 OTC 药店数量（如表 1－3 所示），大家可以根据区域情况，和这些优秀店铺合作。

表 1－1　2013 年中国药店单店排行榜 10 强

排序	门店名称	销售额（万元）	营业面积（平方米）
1	重庆西部医药商城储奇门店	19500	4200
2	哈尔滨宝丰医药中央店	15000	2500
3	苏州市粤海大药房有限公司	14320	—
4	上海童涵春堂药业总店	12800	1100
5	浙江震元医药震元堂药店	12242.1	1705
6	广州健民医药北京路店	12160	846
7	四川德仁堂药业成都同仁堂总店	11126.19	2200
8	上海余天成药业余天成堂药号	11112.15	2096
9	北京金象大药房西单金象大药房	10011.94	700
10	常州人寿天医药商场	9703	1500

表 1-2　2013 年中国药店 B2C 销售额 10 强

名次	药店名称	网店名称	销售额（万元）
1	上海华源大药房连锁经营有限公司	健一网	38000
2	广州七乐康药业连锁有限公司	七乐康网上药店	36338
3	安徽百秀大药房连锁有限公司	可得网（百秀网）	33200
4	广州百济新特药业连锁有限公司	百济新特药房网	32000
5	广东康爱多连锁药店有限公司	康爱多药房网	31265
6	广东健客医药有限公司	健客网	31000
7	北京好药师大药房连锁有限公司	好药师网上药店	24000
8	北京京卫元华医药科技有限公司	药房网	20055
9	河北华佗药房医药连锁有限公司	华佗药房网	13000
10	长治市昂生大药房零售连锁有限公司	昂生大药房网	10700

注：以上数据为各个公司电商业务销售，不包含实体店销售部分。

表 1-3　2013 年各省医疗终端及 OTC 药店数量统计表

制表日期：2014 年 4 月 21 日

序号	省份	医疗终端数量					OTC 药店数量	总计
		医院	基层医疗卫生机构	专业公共卫生机构	其他机构	合计		
1	四川	1659	74761	723	91	77234	42058	119292
2	山东	1736	71294	745	157	73932	33457	107389
3	广东	1217	44253	681	100	46251	53965	100216
4	河北	1263	76801	601	96	78761	13624	92385
5	河南	1326	67699	597	139	69761	17624	87385
6	湖南	913	59178	594	118	60803	14208	75011
7	山西	1232	38825	463	75	40595	16371	56966

续表

序号	省份	医疗终端数量					OTC药店数量	总计
		医院	基层医疗卫生机构	专业公共卫生机构	其他机构	合计		
8	江苏	1455	29095	481	227	31258	23295	54553
9	辽宁	888	34324	494	159	35865	16817	52682
10	湖北	694	34203	445	91	35433	14371	49804
11	江西	550	38423	517	81	39571	9951	49522
12	云南	981	21948	521	63	23513	25306	48819
13	广西	472	33410	388	39	34309	14292	48601
14	浙江	832	28870	391	175	30268	16913	47181
15	陕西	911	33785	385	107	35188	8265	43453
16	贵州	963	26577	413	28	27981	13309	41290
17	黑龙江	995	19032	640	59	20726	17507	38233
18	安徽	932	21930	447	87	23396	14330	37726
19	福建	528	26415	322	78	27343	8952	36295
20	内蒙古	553	22353	452	71	23429	11811	35240
21	吉林	583	18835	309	57	19784	15213	34997
22	甘肃	420	25710	337	32	26499	7207	33706
23	重庆	518	17981	170	21	18690	13922	32612
24	新疆	860	17253	520	8	18641	7633	26274
25	北京	598	9015	121	104	9838	5501	15339
26	海南	194	4864	107	11	5176	4424	9600
27	上海	323	4394	100	44	4861	3492	8353
28	天津	326	4205	96	57	4684	3292	7976
29	青海	145	5660	146	3	5954	1837	7791
30	西藏	104	6484	141	2	6731	658	7389

续表

序号	省份	医疗终端数量					OTC药店数量	总计
		医院	基层医疗卫生机构	专业公共卫生机构	其他机构	合计		
31	宁夏	146	3898	84	10	4138	2049	6187
总计		24317	921475	12431	2390	960613	451654	1412267

小知识：药品批准文号格式含义

药品批准文号格式：国药准字+1位字母+8位数字。试生产药品批准文号格式：国药试字+1位字母+8位数字。

化学药品使用字母“H”，中药使用字母“Z”，通过国家食品药品监督管理局整顿的保健药品使用字母“B”，生物制品使用字母“S”，体外化学诊断试剂使用字母“T”，药用辅料使用字母“F”，进口分包装药品使用字母“J”。数字1、2位为原批准文号的来源代码，其中，“10”代表原卫生部批准的药品，“19”、“20”代表2002年1月1日以前国家食品药品监督管理局批准的药品，其他使用各省行政区划代码前两位的，为原各省级卫生行政部门批准的药品。数字3、4位为换发批准文号之年公元年号的后两位数字，但来源于卫生部和国家食品药品监督管理局的批准文号仍使用原文号年号的后两位数字。数字5至8位为顺序号。

比如，“国药准字H11020001”，字母和数字含义依次是：“H”为化学药品，“11”为北京市的行政区划代码前两位，“02”为换发之年2002年的后两位数字，“0001”为新的顺序号。

第二章 专业的医药零售代表需要什么

经常听到有人问这些问题：医药零售代表究竟是干什么的？平时在自己的岗位上要完成哪些任务？完成这些任务需要具备哪些能力和素质？我到底适不适合做医药零售代表？我的职业道路该如何走下去？下面就由我一一解答这些疑问。

第一节　医药零售代表要做什么

要先了解医药零售代表的角色定位，了解了岗位职责才算对医药零售代表这个职业有所了解。那么，OTC 代表的岗位职责有哪些？这个岗位职责可以从两个方面说起。

一方面，对终端药店而言，零售代表的职责是将药品铺进零售药店，并向店员介绍产品的组方、适应人群、症状、药品的用法用量和应注意的副作用。另外，可向药店的店员传授销售方法，比如联合用药等。日常工作中要注意维护药品的陈列面，在合适的时候，也可以借助药店这个平台，直接对消费者开展产品的推广工作。

另一方面，对公司而言，零售代表的职责包括完成或超额完成销售目标、执行公司的销售政策、合理分配和使用公司的相关物料、按拜访计划拜访自己辖区内的客户、掌握市场竞品信息、处理销售过程中产生的异议、制订并有效执行营销计划、组织促销活动、向目标客户进行店员培训等，如何具体操作会在后面章节阐述。

下面是某医药企业招聘医药零售代表给出的岗位职责，具有一定的通用性。

（1）对年度销售指标分目标药店按季、月、周合理分解，并保证完成各期销售指标。

（2）保证工作时间全部用于拜访店员、采购人员、店长（经理）及其他促销活动，并保持良好的关系。

（3）执行企业、地区组织的统一的市场活动，并对结果负责。

（4）制订针对目标药店、店员及患者的促销活动计划，并负责执行。

（5）负责向店员、患者传达企业文化、产品知识，维护企业形象。

（6）负责目标药店的产品陈列、店员首荐、POP 布置。

（7）建立、更新目标药店、患者的档案。

（8）及时了解、收集竞品在目标药店的销量、活动信息，并制定应对策略汇报给地区经理或零售经理。

（9）真实、合理地使用针对目标药店、店员及患者的促销费用。

（10）每月按时上报目标药店的进销存报表，并对真实性负责。

（11）保证目标药店不断货、库存合理。

（12）与商业销售代表和医院销售代表保持良好的沟通和协作关系。

第二节　医药零售代表的素质和能力

应具备的基本素质

（一）良心

我们要做一个有良心的医药销售者。零售代表从事药品销售商业行为中的一部分工作，医药销售者也可以说是“生意人”，是生意人就避免不了“重利轻义”的陋习——为了个人的利益不择手段。药品是特殊的商品，直接关系到人的生命，因此，我们在日常推广中，不能为了扩大销量而夸大所推广药品的适应症及用药范围，隐瞒药品的副作用和不良反应；绝不为假冒伪劣药品做推广，充分考虑患者使用药品的疗效性和经济效益，不对药店店员做无原则使用或增加使用量的误导。这是医药销售者的基本道德。

只有充满爱心、做事讲良心、实事求是地推广，才能得到店员的充分信任并配合销售工作，有利于促进双方建立良好的客情关系。

业务员刘昊曾在推广公司仅用于“清肺热”的某产品时，向店员号称“万能清火药”，导致店员将产品推荐给明显是“肝火旺”和“胃火旺”的患者，延误了患者的治疗。由于不对症，治疗效果不明显，店员也对产品失去了信心，不愿意多推荐。后来，我们及时纠正，开展店员培训，讲清楚适应症的患者。由于对症治疗，效果明显，店员又重新获得了推荐信心。不要随意扩大用药范围，这样不仅不能增加销量，还会导致不良的后果。

（二）责任心

责任心就是对自己所做的事情负责。

首先，对家庭要有责任心。从事医药销售，家人给予了鼓励和支持，我们要努力工作，养活一家人，改善他们的生活条件，提高他们的生活品质。

其次，要对客户负责。能合作是双方信任的结果，不做有损于客户利益的事情，不能为了短期的利益而伤害客户。

最后，要对企业负责。企业付给你工资，给你提供良好的平台，不求你百倍回报企业，至少要在自己的岗位上全心全意、全力以赴地做好自己的工作。

如何培养责任心？

（1）重视生活中的每件小事情

俗话说："习惯成自然。"当你把责任变成一种习惯时，做事认真、负责也就渐渐地融入你的生活中，不需要他人监督。在日常工作中，经理交代的事情，不管是大事还是小事都要努力、完美地完成，遵守公司的规章管理制度都能培养我们的责任心。

（2）拒绝依赖他人

有些人习惯在工作中依赖他人，本来应该自己做好的事却处处抱怨他人。比如，销售业绩差怪产品不好，业务没谈成说是药店老板对产品不感兴趣等。

事实上，所有的抱怨有百害而无一利，我们应该认真查找自己的问题。

（3）将企业的兴亡看成自己的责任

对员工而言，只有企业发展了，员工个人才会有较大的发展空间；只有企业盈利了，收入才有可能相应地提高。**企业的命运就是员**

工的命运。很多员工认为自己在为企业工作，企业给自己发薪水，这是理所当然、天经地义的事，至于企业如何发展与自己无关。

在实际工作中，我们能看到很多活生生的案例。某医药企业设立湖北办事处，结果一直不能打开局面，最后办事处解散，所有员工都得重新找工作。所以，员工与企业是“一荣俱荣，一损俱损”！

（4）**不要推脱责任**

为自己开脱是最原始、最基本的防御机制，我们总能听到形形色色的销售业绩不好的理由：客户不配合、促销活动没有吸引力、产品结构不好、季节问题等，从来不问自己是不是方法不对，是不是自己不够努力。勇于承担责任的人才能赢得别人的尊敬和信任。

（5）**对自己的承诺负责**

在日常工作中，我们总是很草率地给别人一个承诺，承诺过后，却发现自己许下的诺言很难实现，最后违背自己的诺言，使自己的可信度大大降低。你向经理承诺的事情能实现吗？经理交代的事情能全力以赴地做好吗？

在工作中，我喜欢用“公众承诺”，即每个月10号左右，把每个零售代表的销售情况写在白板上，一个一个地问：“你这个月能做多少，如果做不到怎么办？”然后，由秘书记录下来，零售代表签字认可。下月月初，把大家的销售情况写在白板上，一个一个地落实，当场兑现。我要传递的信息就是，在我的队伍里，不要玩虚的，要说到做到！

（三）自信心

销售是一份很艰苦的工作，药品销售更是难上加难。“能把药品销售做好的人，其他行业的销售工作都不会做得太差”。在药品销售中，拒绝、冷淡甚至是斥责都是家常便饭，只要对自己充满信心、时刻保持工作激情、树立一个目标、正确看待和客户之间的关系，鼓足勇气勇敢向前走，我们就会发现，慢慢地，我们就熟悉了这个行业，麻烦和困难也没有想象的那么难解决了。

另外，我们要相信自己推广的药品，相信它有良好的疗效，能缓解患者的病痛。只有相信自己、相信产品，我们才能在思想上做好准备，才敢勇往直前！

如何增强自信心？

（1）相信自己。相信自己只要足够努力、勤奋，只要自己坚持不懈，最终能在医药销售行业内成为佼佼者！

（2）注重自己的着装。穿一些品牌服装，佩戴一些装饰品，如手表等，增强自己的信心。

（3）早睡早起，让自己呈现出精神饱满、充满自信的精神状态。

（4）注重自己的语言表达能力，要热情大方、语言标准化、说话简洁明了。

（5）要摆正自己的位置和心态，我们要以合作共赢的心态和客户谈业务，要不卑不亢、平等互利地去看待所从事的医药销售工作。

（6）要相信自己推广的药品，相信它能缓解患者的症状，能给客户带来利益。

（7）要“多跑”、多谈店，多和老业务员交流学习，多参加销售演练锻炼自己的胆量。

新业务员王军在加入公司以来的第一次销售会议上，有点闷闷不乐。究其原因，他觉得做销售是在求人，生怕得罪了药店老板。因此，只要别人拒绝、别人不乐意、冷眼相待，他就赶紧离开，生怕以后没有合作的机会了。

我告诉他："王军，你要调整好心态，说俗气一点，医药销售和做生意一样，互惠互利，没有谁求着谁。你去药店谈业务也是一样的，你是给药店推荐一种疗效和利润都很好的药品，你是给药店老板提供好处，所以，他求着你才对。再者，你这样想，药店不卖我们的产品，药店不会垮；我们不和这家药店合作，公司也不会垮。所以，你大胆地谈，不懂就问他，了解他的真实需求。"

从此以后，王军不再垂头丧气，每天都充满自信地谈业务，业务越做越好了。

应具备的基本能力

（一）计划力

凡事预则立，不预则废。计划力是医药零售代表必须具备的能力，计划力主要表现在以下方面。

（1）有目标，能把全年目标计划分配到每个季度、每个月、每周，甚至每天的工作中，努力实现每天的目标。

（2）对于自己管辖的区域有计划性地拜访，能够制定出合理的拜访路线图。

（3）对于业务谈判的内容有计划性，事先想好谈判中可能遇到的问题，准备好答案、控制好整个销售进程。

从刚加入公司的业务员刘昊汇报"扫街"的情况我发现，他没有固定区域，一会儿在区北找店，一会儿在区南找店，乘坐公交车到哪里算哪里。最后一问，他连地图都没有买，说手机下载了某软件，跟着软件指示找店方便。我告诉他："你这样做，就不能快速熟悉你的区域，也不能确定哪些地方去了，哪些地方没有去。"

我拿了一份地图，把他的区域按主要的街道分成5块，并安排了周一至周五，每天只去一个地方，把这个区域的店扫完了才能下班或去下一个区域。一周下来，刘昊对自己区域的药店分布相当熟悉了，意向客户也筛选出来了。

（二）分析能力和总结能力

分析能力也可以说成思考能力。医药零售代表分析自己的区域、区域药店的特点，分析区域消费者的消费能力，用SWOT分析（具体见"小知识"）推广的产品、分析客户。要学会总结工作，今天谈判成功了是什么原因，哪句话打动了客户，能不能在其他的业务谈判中使用；失败是什么原因，是自己的仪容、仪表不好，是自己没有把握好谈判时机，是没有很好地介绍产品，还是自己的引证没能说服客户，以后怎么改进。这些内容都要靠分析和总结，只有这样做，才能在医药零售行业越走越远、越走越顺。

有一次和业务员随访，公司的藿香正气水比同类品牌产品的零售价高，而进货价只比品牌产品低一点（达到一定数量有促销礼品），药店经理对比后还是不打算进我们公司的产品。

我说："经理，品牌产品是好卖，可开药店不是做好人好事，需要一定的利润。品牌产品虽然好卖，可1盒连1元的利润都没有，并且在这个季节，这类品牌药必定也是其他药店的'眼球产品’，价格易乱，有可能因为价格乱导致客户流失。我们的藿香正气水也是大厂生产的，我们做控销绝对保证你的利润，只要求你做首推产品，消费者不认可，你也可以卖消费者要的品牌产品，不会流失客户。”

后来，药店经理进货了。在例会上，我就让负责这家药店的业务员分析和总结成交因素——给药店经理分析了利润、说明怎么卖出去。我要求其他业务员把这段话背下来，用到其他药店推广中，效果还不错。

我们就是要不断地总结，总结哪句话打动了客户，用在其他客户身上。

小知识：SWOT分析法

SWOT（Strengths Weakness Opportunity Threats）分析法，又称为态势分析法或优劣势分析法，用来确定企业自身的竞争优势（strength）、竞争劣势（weakness）、机会（opportunity）和威胁（threat），从而将公司的战略与公司内部资源、外部环境有机地结合起来。

（三）执行力

所谓的执行力，是指贯彻战略意图，完成预定目标的操作能力。具体到医药零售行业，就是医药零售代表要把上级领导的命令和想法变成行动，也就是把想法变成行动、把行动变成结果，最终保质保量地完成任务。

在医药销售中，尤其是新业务员，总是“想得太多、听得太多而做得太少”。在提出疑问后，经理和老业务员给出答案后，没有去做就开始怀疑方法的时效性、不认可。对于新业务员，当你不知道怎么做的时候，经理和老业务员给你的方法，你先实践，不管对错，先做了再说，做错了再及时修正，不要没有做就开始反驳。

业务员杨浩在销售会议上提出，新接手的杨兰西医诊所前期有30瓶夏枯草膏本年度12月过期，有效期还有7个月，老板要求换货，否则就停止合作。杨浩生怕客户不再拿货了，让我批准退换货，按照公司规定，这是不允许的。

按照个人经验，我给出这样的方法：“你去跟客户说，按照公司规定，药品出库3个月后不予退换货，否则就是业务员承担损失。您看这样行不行，您先卖，如果过期了卖不掉，全部算我的，我买下来，就冲我们的关系，我不会让您有损失的，但是这段时间您尽量帮我卖，卖一瓶我就少赔一瓶。”

他觉得这个方法不好，支支吾吾不愿意执行，生怕自己最后会吃亏买了过期产品。过了一周，在周会上反映这件事还没有解决，他并没有按我说的执行下去，怕客户不满意、不合作。我说：“你去做，出了事我负责，卖不完全部算我的，你去做！”

后来，他按我说的做了，货卖出去了，没有赔一瓶，后续的合同也签了。

（四）沟通能力

沟通的对象有两个：一个是公司领导，一个是自己的客户。

沟通是两方面的：一是倾听，二是诉说。作为医药零售代表，要掌握的沟通技巧不仅包括倾听和诉说，还有一些有效的谈判技巧。能够通过沟通读懂对方的意思、了解正确的信息、把握业务的切入点和时机。另外，也要通过沟通传播公司的产品信息、公司的发展前景、公司独特的运作模式来吸引客户。当然，零售代表也要在沟通中了解一些有用的市场信息和竞品情况。

沟通能力不仅仅是说和听，还需要一些技巧。比如，我们经常在开发或拜访新药店时遇到“老板不在，也不知道什么时候在”、“我们会帮忙卖的”、“你的药卖得不错（实际销量很少）”等情况，实际上，这些都是浮在表面的假信息，这是药店店员或经理敷衍销售代表的常用话术。

这时，我们给他们一点好处，比如，给店员买一瓶水，然后再询问，老板究竟什么时候在、卖得不好是不愿意卖还是不会卖，等等。

（五）学习力

中国有句老话叫：“活到老，学到老。”零售代表面对的是瞬息万变的市场，以及善于学习的客户，尤其是对医药零售代表来说，医药行业的信息、政策的变化与我们密切相关。因此，我们需要通过学习，提高销售能力。医药零售代表究竟要学习哪些知识？通过什么渠道学习？我结合自己的学习心得，向大家分享以下几点。

（1）要了解医学和药学的基本知识，尤其是自己推广的药品的相关疾病的发病原因、治疗方案，公司产品治疗这类疾病的独特之处等。一方面，可以通过公司的产品手册学习；另一方面，也可以通过网络了解。

以牙痛类产品为例，引起牙痛的病因大概有两种：一是胃火引起风火，二是细菌感染引起的神经性牙痛。第一种要祛火，第二种要抗菌。要研究自己的产品是治疗风火牙痛还是神经性牙痛的药，便于对症下药。

（2）要了解整个医药行业的发展现状。可以通过行业内人士的微博、订阅《医药观察家》报、浏览 CFDA 的官网等了解这方面的内容。

（3）要了解最近重大的新闻事件，有自己的独特观点更好。通过当地报纸、电视媒体了解。

（4）其他爱好，比如，佛学、《易经》、红酒文化等。

学以致用。提高自己的学习能力，学习知识最终是为了在客情维护中能够作为突破口，为后续的合作提供便利。

我在北京做业务时，海淀大药房的客情维护一直做不好。某日拜访中，听到药房的李老师在和其他老师讲《易经》，这下好了，大学时候看了《曾仕强讲易经》，也提到了一些核心观点，比如，对“中庸”的看法、“善易不卜”，等等。很快，我加入他们，大家觉得我懂得多，也愿意和我聊。

回家后，我重新学习，每次去拜访都和大家说说学习心得，这样，客情越来越深。最后，我的产品销量也好起来了。3 年后，我离开北京时，李老师留下我的 QQ 号要常联系。

第三节 医药零售代表的职业规划

很多加入医药零售行业的人，甚至是一部分加入行业很久的人，都不清楚自己的职业规划是什么、不知道未来的路怎么走、不知道何去何从。从大的方向说，医药零售代表有以下几条路可以走。

发展路线1：职业经理人道路

（一）零售代表—零售主管—销售经理—大区经理—全国销售总监—营销总经理

选择这条路，你必须有良好的业绩做支撑，还要学习销售管理知识和团队管理知识，因为在基层锻炼过的领导更容易得到下属的认可。

我曾经服务过的医药企业，华北大区总监陆总的职业发展历程就是这条线路。陆总于2002年加入公司，从基层业务员做起，第一年销售业绩突出，在2003年就升为区域主管，2006年成为北京区域的销售经理，负责整个北京零售市场。2010年，在整个区域销量比较好的情况下，升为华北大区总监。现在，他还在为他的全国营销总监之位努力着。

（二）零售代表—培训专员—培训经理—市场总监

学术推广正一步一步地从医院销售转到药店销售。把产品铺到药店中，并不能快速上量，我们还需要用属于自己的学术推广进行店员教育，这就需要培训专员。

选择这条道路发展的零售代表，要对公司的产品了解透彻，并能够总结成功的销售经验，参加各类培训丰富自己的知识，最重要的是要具备良好的表达能力，能把知道的知识传播给客户和新业务员，告诉业务代表和药店店员药品用于治疗哪些症状的患者、为什么能治、怎么使用能提高治疗效果等，帮助他们成长。

公司的马总之前是销售代表，后来因为是药学专业毕业，再加上对公司的产品研究得比较透彻，平时在药店拜访的过程中，了解了公司产品的核心卖点，最后在公司的建议下转为培训专员。后来，因为培训方式和效果比较好，职位逐步提升。

发展线路2：自主创业道路

（一）零售代表—个人代理商

零售代表在工作一段时间后，有了自己的客户资源，可以做区域代理商，挂靠医药公司走货。但是，国家开始管控个人代理商，至于以后怎么发展还不确定。

（二）零售代表—培训公司或推广公司

在医药行业竞争日益激烈的今天，每个医药企业都希望有一个专业的推广公司使产品迅速渗透到终端，并快速上量。

优秀的零售代表在销售中积累了丰富的销售技巧，可以开培训公司培训新业务员或成立推广公司，帮助有需要的医药企业推广新产品。

（三）零售代表—高级经理人—创办医药企业

不得不提河北某药业，在2010年整合的时候，就是由多位销售出身的经理人接下了药厂，根据在终端多年的沉淀和对市场的把握，重新调整产品策略和销售策略，在北京的销售取得了不错的业绩。

发展线路3：其他医药道路

由于在医药零售行业的长期沉淀、对不同药店的了解和各自药店营销方式的领悟，加上和药店老板或连锁药店总经理的长期交流，有很多销售代表去药店做采购或者负责连锁药店的运营。

2012年年初，曾在杨森、先灵葆雅、拜耳等企业打拼多年的郑季春，卸去了与零售终端博弈的上游供应商高管身份，随后便出人意料地与下游站在了同一战壕里——出任上海华氏大药房有限公司常务副总经理一职。

第三章

销售前的准备

第一节　思想准备

微信上流传着李嘉诚的话："付出就想要马上有回报的人适合做钟点工，期望能按月得到报酬的人适合做打工族，耐心按年度领取年收入的人适合做职业经理人，能耐心等待3~5年的人适合做投资家，用一生的眼光去权衡的人适合做企业家。"那么，医药零售代表要获得成功，需要多长时间呢？

在做销售之前，我们要调整好"三态"和"三动"。

"三态"：心态、状态、态度

（一）心态

做医药销售不是一天两天的事，也不是一个月两个月就能做成的事，短则1年，长则2~3年才能在这个行业里赚钱，下面我们分析一下医药销售代表的心态变化图，如图3－1所示。

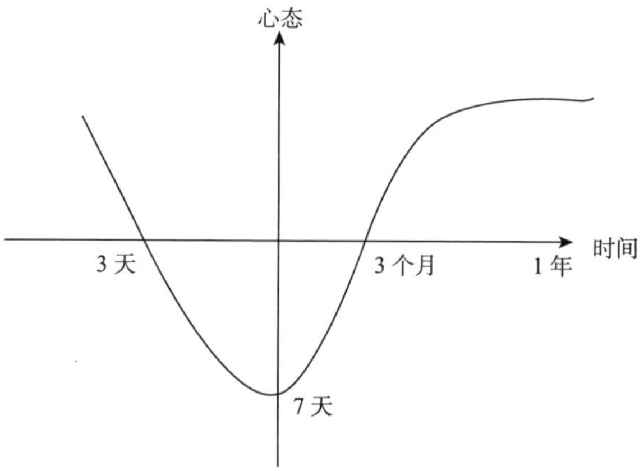

图3－1　医药销售代表的心态变化

刚加入时很有激情，觉得自己加入了一个赚钱的行业，很兴奋。

3 天后发现不是那么回事，别人的拒绝、客户的冷漠让信心受到严重的打击。

第 7 天的时候降到了冰点，这时，老业务员或经理会协助你、指导你的工作，你开始有了成交量、有了话术和方法，再加上习惯了拒绝和冷漠，你度过了死亡期，开始步入正轨。

在接下来的 1 年内，你积攒客户，收入基本维持在一个水平上。

1 年后，你发现，你和药店的客情关系发生了质的变化，药也越卖越好、钱也越来越多。

在医药行业里赚钱需要一个过程，要有时间的沉淀和客情关系的积累。要耐得住寂寞，更要守得了成功！

（二）状态

保持良好的销售状态。比如，某个运动员在比赛中发挥不好时，教练就说运动员没有进入状态，状态就是运动员取得良好成绩的轨道。运动员通过训练保持良好的竞技状态。

销售代表如何保持销售状态？总结起来就是“长”跑店、“长”谈店。

“长”跑店，既要经常跑药店，又要在药店待的时间长，我们要的是效果，不是频率。只有长时间的交流，才能给药店经理和店员留下深刻的印象，建立起客情关系。

“长”谈店，谈的次数、药店数量多了，就知道客户的需求点在哪里了，以后再谈新店的时候就能快速成交了。

在终端工作中，我见多了“匆匆进店，又匆匆离开的人”，这种拜访的高频率是无效的，我们称为“无效拜访”。因为这样的拜访没有客情建设，对销量的提升也没有帮助，在拜访时，要“长”时间待在药店，并且做好终端拜访5大目标工作。

每天坚持拜访5家药店，一个月后，100家药店会告诉你它们最需要什么，怎样才能签单。拜访量越高，技能提升越快！比如，我们要问清楚客户不采购我们的产品的原因，对价格不认可，还是对产品不认可；客户提到的竞品有哪些，你对该产品的生产厂家、规格、走货渠道及价格、终端有无人员维护、终端的销售情况等信息是否了解。要帮客户分析为什么要采购我们的产品。

如果每天坚持拜访5家药店，我相信，多次的拜访，药店的采购经理会告诉你采购或不采购的原因，成交的经验不断地推广复制；收集不成交的客户的需求点，准备话术，各个击破！

（三）态度

主要指责任心，销量不好的时候，不是一味地找公司的原因、找产品的原因、找客户的原因，甚至是天气的原因。这些原因可能客观存在，可是你找过自己的原因没有？你努力了吗？你一天拜访多少客户？你尽力谈判了吗？你按照老业务员的办法做了吗？要做一个对自己负责、对家庭负责、对企业负责的人，请努力、勤奋工作。

“三动”：主动、行动、感动

（一）主动

只有主动找客户、找资源，主动学习，主动帮助伙伴和客户的人才会有高收入，主动跟进客户而不是等待客户的回应。记住一句话：“销售不跟踪，最终一场空！”

回想医药销售过程，有多少客户说：“彩页留下来，我看看，感兴趣会联系你，你到时候再过来。”这种客户有多少后来主动联系你？我是一个不幸运的人，这么多年来，留下册子等待电话，几乎没有人联系过我，这只是他们的一个推辞罢了。

（二）行动

不管是顺境还是逆境，只有行动，唯有行动，才能够解决困局，才能有结果。任何时候都要选择相信行动，所有的想法和疑问，只有行动了，才知道对与错。

业务员小杨因为给客户打电话时被客户骂了一顿，就再也不敢和客户联系了，他怕客户烦了，就不再和他合作了。

我说：“他今天骂你，可能是他的心情不好让你给撞上了。如果你不联系他，这个客户肯定会‘死掉’，你联系他还有生的希望。更何况，他不是你唯一的客户，失去了也无关紧要，重要的是你做了这件事，抓住了这次生的机会。”

于是，他到药店专门拜访，客户很热情，像什么事情都没有发生一样，还道歉说当时心情不好，让小杨不要在意。

分享一个很好的故事。

一个男孩卖海绵，每敲 10 户门，7 户会开门、4 户会听他讲、2 户会买，成交的 2 户会让他赚 40 美分。他得出结论：每次敲门能赚 4 美分。他考虑的问题不是这次敲门有没有人开，不是开门后会不会被拒绝，也不是推销结果的好坏，而是我一个下午能敲多少户门。

（三）感动

感动自己、感动客户、感动社会，销售的本质是感动。做一件感动客户的事情，你将有意想不到的收获。

业务员兰博得知秀合堂的王总喜得千金后，去育婴坊挑了一件童装送给王总，王总专门发短信感谢兰博的礼物。在以后的合作中，不仅他的药店把公司的产品卖得很好，还主动推荐了不少兄弟药店的资源给兰博，相信兰博赚的钱大大超过了当初做这件感动王总的事情投入的金钱。

销售宣言（每天出门前读一遍）：为了社会的健康事业，为了××药业的快速发展，为了自己的家庭幸福，为了自己的孩子的成功，我必须努力学习、聪明工作、经常反省、不断进步，为实现自己的目标而奋斗！

第二节 业务准备

熟知公司的销售政策及销售方式

所谓的销售政策就是在和药店负责人谈判时，说明哪些产品现在购入有什么优惠政策。所谓的熟知，就是要清楚活动的内容，并且能够准确无误地传递给药店负责人，包括活动的规则、活动的期限等。这样有利于产品快速地铺进药店，快速建立客情关系，快速上量。

销售方式就是指我们的货怎么卖给药店，是送货上门还是客户从商业公司走货。另外，结款方式是什么，对于铺货，是现结、月结、批结还是实销实结；对于终端，是广泛铺货还是严格控销。这些一定要清楚。

在这里，给大家讲解一下药品是如何进入销售终端的，如表3-1所示。

表3-1 常见药品销售渠道比较

销售渠道	药厂—商业公司	药厂—商业公司—医院、药店	药厂—商业公司—医院、药店—消费者
销售策略	纯商业	直销	品牌推广
方式	卖货、收款全部交给商业公司	企业推广，商业公司供货	企业直接与药店、医院交易
优点	省事、费用低	有品牌、物流通畅	毛利高、物流通畅

续表

销售渠道	药厂—商业公司	药厂—商业公司—医院、药店	药厂—商业公司—医院、药店—消费者
缺点	利润低、极易陷入三角债，对产品不负责	高素质队伍，高投入、成本高	市场覆盖率低，销售管理难度大
结果	让利、让市场，份额难以扩大	让利、不让市场，可获得较大的市场份额	不让利、不让市场，市场份额较小
企业	中小型企业	大中型企业	大企业
品种	OTC、处方药	处方药	OTC

背诵公司核心产品的一分钟介绍和竞品分析情况

（一）核心产品一分钟介绍

为什么要背诵产品一分钟介绍？因为只有背诵过的东西才能脱口而出。你现在回答我：“给你一个公司的核心品种，你能用一分钟介绍它吗?”你可能30秒就说完了，我们都不能把产品说清楚，怎么能说服客户采购我们的产品？

赶紧做一个公司产品的一分钟介绍吧!

苦参凝胶一分钟介绍信息

苦参凝胶为广谱的、纯中药，带有送药器，应用卡波姆技术的凝胶剂。快速消除各种阴道炎、宫颈糜烂引起的瘙痒、白带异常等症状，是目前最先进、最经济的治疗药物。

广谱：抗菌消炎、抗病毒、抗过敏作用。

纯中药：主要成分是苦参总碱，苦参号称“妇科金药”，含量达90%以上，5克×4支，剂量大。

送药器：专利产品，特殊给药器，使药物能够直接到达病灶，提高生物利用度。

送药器的特点：

（1）可以准确无误地定量给药。

（2）可以把药物直接送到阴道深处病灶部位。

（3）洁净、卫生，可以避免二次感染。

卡波姆剂型特点：

（1）水溶性分子结构，穿透力强，易清洗。

（2）网状结构，附在黏膜表面，能均匀摊开而且不易脱落。

（3）无异物感，无刺激，无味。

最先进：首个将卡波姆剂型用于阴道给药的产品。

最经济：1 盒一疗程，5 克×4 支。

市场情况：

苦参凝胶在北京市场已经做了 10 年临床，我们在药房也操作了 5 年。

医院带动：解放军××医院、××医院、北京××医院。

药房带动：京卫连锁、金象连锁、普安药房、康佰馨连锁、开心人连锁、德威治连锁。

最大单店——××药房 3 店取得了一个月 300 盒的销量。

利润前景：

××折扣，进货价合下来是××元，零售价 59.8 元，1 盒××元的利润！

（二）竞品调查

竞品调查表（如表 3－2、表 3－3 所示）主要是为拜访提供依据。我们的产品比别人的产品有优势体现在哪些地方，知道这些优势才能说服客户购进我们的产品。

表3－2　竞品调查表（同名称剂型不同）

竞品名称	规格	生产厂家	进货渠道	进货价格	零售价格

表3－3　竞品调查表（不同名称的药品）

产品名称		规格及生产厂家	
功能主治			
主要成分			
禁忌症			
不良反应			
日消费费用			

清火胶囊与清火养元胶囊的对比

清火胶囊只治疗实火，而清火养元胶囊既治疗实火又治疗虚火。清火胶囊中所含的大黄，泻下能力强，脾胃虚的人服用后容易拉肚子，而清火养元胶囊所含的苗药“土大黄”泻下作用温和，可以长期服用。清火养元胶囊中的苦丁茶、苦竹叶有生津的作用，治疗虚火效果明显。

（三）策划一句话顺口溜

策划一句广告语或编一句顺口溜，用最简单的话总结产品的特点，挂在零售代表的嘴上，不断地跟店员重复，让他们留下印象，在推荐药品的时候，第一时间想到你的产品，成为店员眼中的“明星产品”。

常见的产品广告语：

（1）吗丁啉：增强胃动力，请吗丁啉帮忙。

（2）康必得：康必得治感冒，中西药结合疗效好。

（3）白加黑：白天吃白片不瞌睡，晚上吃黑片睡得香。

百灵药品顺口溜

贵州百灵有奇方，经典苗药流四方；独家产品咳速停，效果功能两能行；

维C银翘哪里选，就用贵州与百灵；广告产品乃金感，四季感冒不用烦；

名人广告泻停封，止泻效果响当当；功能腹泻别发愁，鞣酸苦参特别牛；

医院品种属银丹，心脑同治不一般；孕妇感冒特别愁，感清帮您来消愁；

喉痹症状怎么办，双羊一包见效快；孩子发烧最担心，柴桂一包不伤身；

咳嗽咳喘加咳痰，消咳颗粒解疑难；妇科用药别担心，杀菌止痒康汝阴；

妇科口服请放心，一次三粒康妇您；气虚血虚产体虚，养血当归帮助您；

急慢咽炎口腔炎，黄花一喷有何难；胆囊胆管胆石症，请用苗药胆炎康；

各种风湿不用愁，姜酚一粒痛却无；筋骨疼痛又疏松，骨力帮你轻轻松。

做好区域规划

为了避免迷茫地工作，业务员必须对自己的区域做出规划。整体上划片区，周一至周五各在哪个区域跑店，然后规划第一个月、第二个月、第三个月的铺货进度。制定区域内的合理拜访线路，了解自己区域内药店的分布情况。这样既能快速了解市场，又可以使每天的工作井然有序。比如，武汉硚口区域跑店规划图（如图3-2所示）。

图3-2　武汉硚口区域跑店规划图

一周的工作日有6天，每天计划拜访的药店数量是8家，把区域分成6个小块，每个小块包含8家药店，并制定好拜访时间。这样一来，你每天就只去制定好的区域内药店，有计划地拜访药店，也提高了拜访效率、节约了时间。

细致准备拜访工具

（一）名片

最好是公司统一式样，印有紧急业务联系电话，也可以在名片中加上自己的特色。比如，加印上自己的登记照、二维码、公司的企业文化、自己的座右铭，等等。总之，希望通过名片让留给药店经理的印象分大大增加。

注意：有些企业喜欢夸大零售代表的身份，动不动就印上销售经理、区域主管、区域经理等名头，以为这样能使业务进展更顺利一些。其实，这样对销售没有帮助，反而零售代表的能力与身份不符时更容易让客户反感。

所以，本人建议名片上的职位最好是实实在在的。

最好加印紧急业务联系电话，有些企业频繁更换零售代表，有时药店要联系人都联系不上。

（二）产品手册

查看产品手册有无缺页，可将自己的名片钉在产品手册封面上。手册上如果没有标明进货价，可以在产品处标明价格及促销政策，便于药店采购经理阅读。

建议医药企业在制作产品手册的时候，注意产品的分类、突出重点推广产品。

（三）文献资料

证明所推广产品的疗效的文献或报道，如清火养元胶囊的临床资料如图 3 –3 所示。

120例病例分析统计结果

病例分析	例数	治愈	显效	有效	无效	总有效率
失眠	30	3	11	14	2	93.3%
便秘	30	10	12	5	3	90%
痤疮	30	3	8	13	6	80%
口腔溃疡	30	9	10	8	3	90%

从以上结果可以看出，清火养元胶囊对火热症的失眠、便秘、口腔溃疡的总有效率可达 90%，对痤疮的疗效相对较低。对以上几种症状的平均有效率达 88.3%。一般病人服药 2～3 个疗程症状基本消失。有约 10%的病人在服药 2～3 个疗程无明显改善，多为 10 年以上病程患者。

图 3 –3　清火养元胶囊的临床资料

（四）包装盒

专业的药品采购经理一定会看产品包装盒，产品外包装的质量和美观度直接影响产品的销量，也就是药店有经验的采购员说的卖相影响销量。

（五）物料

公司常用的物料有没有准备好，比如，pop、爆炸贴、价格贴等。

（六）小礼品

礼品是沟通的工具，比如，饮料、水果、水杯等。注意：礼品是用来沟通的，是为了听到店员或者药店经理最真实的想法的，用礼品打开他们的心门，了解我们需要的有效信息。

宝一堂的产品进店后，动销不太好，零售代表小杨去拜访，药店李老师总是说好，会好好卖的，可是产品的销量总不见起色。某日拜访，小杨给每个店员买了一瓶水，聊天时，店员说实话："产品的利润点够首推，但是药店老板并没有告诉我们产品是首推品种。所以，我们都不愿意卖，你跟老板谈一下首推，落实下来了，就可以首推了。"

牢记拜访的目标

走进一家药店，我们肯定是带着目标去的，说得通俗点，就是我去药店干什么，不忘初衷，为目标而奋斗，出来的时候，审视自己的目标有没有实现。但是，我们一定要注意目标实际上包含两方面的内容："目"是"目的"，我们要做什么，比如，进货、陈列等；"标"是"标准"，要具体地量化，比如，"让药店老板进 ×× 胶囊 10 盒"，做两个陈列面，放在货架的第一层，等等。

（1）进货。"张老师您看清火药品就剩 5 盒了，按照正常的销量，您该备货了，这次您是要 30 盒还是 50 盒？"

（2）陈列。陈列的总体要求是把药品放在"让消费者看得见，让店员好拿，让消费者买得到"的地方。

（3）价格维护。一个产品再好，如果不维护价格，只能成为价格战的牺牲品，品牌越大，牺牲越大。我们要始终坚信：只有保证了最高零售价，才能够保证最大利润。

（4）店员培训（非正式）。怎么让店员心甘情愿地听你的产品培训？

地点：杏林春大药房。

人物：店员、代表。

代表："李老师，您好！我是××药业的小鄢。"

店员："知道。"

代表："今天王经理不在店里？"

店员："是的，你找他有事？"

代表："没有，就过来看看。对了，老师，我们的夏枯草膏卖得怎么样？"

店员："不好。"

代表："哦，奇怪了，同济堂六合路一个月卖30多瓶呢。"

店员："是吗？我这边卖得不好（他们是怎么卖的）。"

代表："您都是卖给哪类人？"

店员："就是乳腺增生的人嘛。"

代表："怪不得您这里卖得不理想了，那个店是这样卖的：夏枯草膏不仅治疗乳腺增生，还对肝火上攻引起的头痛、头晕有特效。另外，对甲状腺肿大、淋巴结肿大、淋巴结核的效果也特别好。因为夏枯草的主要功效就是清火、散结、消肿嘛，以后也可以推荐给这类人。

还有，咱们这个药不分男女，中医讲究对症，没有男女之分。来找夏枯草口服液的人也可以推荐夏枯草膏，它也是省中医院的临床产品，并且我们的膏剂有效成分含量高，一天就吃两次，一瓶是11天的量，性价比高，消费者都愿意接受。再者，买乳腺增生方面的药，像逍遥丸、乳癖消片都可以搭这个产品，说是医院临床产品，消费者也能接受。"

店员："哦，明白了，这回知道怎么卖了。"

代表：“还得麻烦您多推荐，下次给您带一份公司的小礼品。”

店员：“好的，谢谢，我尽力卖。”

（5）客情维护。和店员聊天加深感情，做一件感动关键人的事，关于客情维护的具体内容将在后面详细讲述。

（6）处理异议。比如，滞销产品、近效期产品的处理。

（7）收集市场信息，了解竞品的相关销售信息。

（8）收款。

（9）其他事宜。比如，传达最新的医药信息、向某个店员反馈帮他解决的某问题的进展情况等。

第四章

药店铺货：标准化的销售流程

医药销售是一件有趣的事情。业务谈判的成功与否不是偶然的，真正的销售是一门艺术，有它的套路和方法。

标准化的销售流程，能帮助你赢得更多的订单。从销售心理学的角度来说，销售就是要回答这几个问题：你是谁？你要向我介绍什么？你介绍的产品和服务对我有什么好处？如何证明你说的是真实的？为什么我要现在向你买产品？如果你巧妙地回答了这些问题，你的谈判成功率就能达到80%以上。

第一节　开场白

开场白很重要，要说出顺畅、诚恳的开场白。前30秒，你的模样和举止通常能决定结果，所以，开场白的时机和开场白是否精彩直接决定了这次销售能否成功。开场白可以是赞美，也可以是介绍产品能带来的利润等。

讲究时机

在终端的拜访中，我们通常会遇到关键人很忙的情况，有时候关键人正在卖药，有时候关键人正在吃饭，有时候关键人正在理货，我们该如何应对？

比如，初次拜访，店员正在卖药或结账，我们应该在旁边等候。如果店员问："干什么的？"简单回答："厂家的，您先忙？"等店员忙完后再进行交谈。如果遇到店员正在吃饭，最好离开一会儿再来药店，免得店员尴尬。

在我协访业务员王军的智仁融侨店时，一进药店，有消费者正在结账，王军直接把产品手册递上，说了一番精彩的开场白。结果，人家说了一句："放下吧，我看看，有需要联系你。"王军要走，我说："走什么，等消费者买完单走后，重新走一遍标准化销售流程。"最后，我们合作了。

如果说话的时机不对，一切都是错的，请把握好时机再开口。

精彩的开场白

很简单，你能否用一句话介绍清楚自己，说明来意，并且你的来意能快速吸引客户。如何说开场白？首先，我们要设计开场白。

（1）**以真诚的赞美开场**

赞美客户，一方面可以获得对方的好感，另一方面也是情感的铺垫。比如，“××经理，您的围巾颜色搭配得真好，很符合您的气质。”

（2）**以提问开场**

零售代表要找出一个与产品有关，又能引起客户注意的问题。比如，“××经理，您最近在电视上看到过××胶囊的广告吗？来找××胶囊的人多吗？”

（3）**向客户求教**

零售代表可以利用向客户请教问题的方法引起客户的注意。

（4）**以介绍人的意见开场**

如果是通过某种关系得到的客户联系方式，比如，朋友介绍，开场白就要利用这种关系，快速提高彼此的熟识度。

另外，在不熟悉的情况下，如何称呼药店的工作人员，我想这也是众多零售代表苦恼的事情。我建议，不管多大年纪的人，称呼“老师”总不会错的，另外，可以听药店的店员相互之间如何称呼，你用同样的方式称呼，就能快速融入他们的团体中。

最后，我给出以下开场白示例，看大家能否用到。

“张经理，您好！我是××药业的鄢圣安（递上名片），有几个畅销产品想和您合作。”

“张经理，您好！我是××药业的鄢圣安（递上名片），有几个广告产品想和您合作。”

“张经理，您好！我是××药业的鄢圣安（递上名片），有几个临床产品想和您合作。”

“张经理，您好！我是××药业的鄢圣安（递上名片），听葵花药业的小李讲，您的药店很不错，我也有几个优势品种想和您合作。”

“张经理，您好！我是××药业的鄢圣安（递上名片），来药店5次了没有碰到您，今天碰到您真幸运，有几个优势品种想跟您合作。”

第二节　产品介绍

业务员见到客户后，递上产品手册后，不是静静地看着客户来回翻册子，就是滔滔不绝地介绍产品，没有先后顺序，无法吸引客户。那么，什么样的产品介绍才具有吸引力？我们按下面几个步骤走。

按照一定主题介绍产品

我们在和客户推荐产品的时候，要有一个主题或线路引导客户挑选产品，产品的线路设计可以参考最近市场畅销产品、季节、采购负责人的性别、公司重点产品，甚至是客户比较感兴趣的产品等。以下几个示例供大家参考。

根据季节：

“张经理，您看现在是妇科疾病的高发季节，我们的××妇科洗液最近日均出库200瓶……”

根据公司重点产品：

“张经理，我们的××作为广告产品，几乎是药店必备品种，疗效确切、利润大，和一般的清火药不一样……”

根据优势品种：

“张经理，我们10支装的××有市场价格维护，比6支装的利润大，还避免了价格战，和儿童医院统一规格，同济康药店每月拿一件（60盒），您可以重点考虑一下。”

在实践中，这样实施还可以因地制宜，效果也比较好。

在业务员李燕冰和全家康药房的谈判中，对方采购是一名女性，一直问夏枯草膏的信息，李燕冰顺势以夏枯草膏和其他妇科产品为线路，做了推荐，最后和药店达成合作。

产品介绍如何出彩

零售代表小刘跟我大谈××软膏如何不好销售，我问：“你知道产品的规格、生产厂家吗?”他没说话。我接着问：“你说说产品的主治功能。”他继续沉默。“药店说的竞品是国药准字的吗?”他继续无语。我说：“有时候不是价格贵，是你没有研究产品，不要拿红富士苹果和一般的苹果比!”

怎么把产品的优势讲出来？怎么讲得精彩、讲得吸引人？我们可以从两个方面入手。始终记住，每个产品都能找到产品特色，即使普通的不能再普通的产品，也要通过以下几个方面找出特色。

（一）找到产品特点

1. 独特组方

现在的很多中成药都来源于民族药，尤其是藏药和苗药，民族药疗效确切、安全性高，在市场上得到了消费者的认可，这也是一大特色。还有一部分药来自于传世名方，经过上百年甚几千年的传承，其安全性和疗效在历史的长河里已得到认可。我们可以从这两个方面挖掘特色。

××胶囊是经典苗药，生津祛火，实火、虚火都能祛，起效快、疗效好。

××颗粒组方来源于汉代医圣张仲景《伤寒杂病论》中的经典方剂“黄芪建中汤”，疗效显著、安全性高。

2. 成分独特

如果某药品的某成分具有独特性，在治疗效果上起重要作用，这也是此药区别于其他药品的一个重要特点，尤其是民族药的一些成分是属于少数民族地区特有的药材，更有说服力。

××胶囊所含的“土大黄”是贵州特有的道地药材，它在泻火方面比大黄、石膏等药材温和，不会导致脾胃不好的人出现拉肚子的现象，清火而不伤元气。

3. 独特剂型

剂型不一样直接影响药物吸收和生物利用度，也直接影响药品的起效时间和疗效。

××凝胶采用卡波姆剂型的凝胶剂，能够直达病灶，起效快、药效持久、生物利用度高。

药物的剂型对疗效的影响（具体见本章末的“小知识”）：

同一药物剂型不同，药物的作用不同；

同一药物剂型不同，其作用的快慢、强度、持续时间不同；

同一药物剂型不同，其副作用、毒性不同；

同一药物剂型相同，由于处方组成及制备工艺不同，表现也不同。

斯达舒分散片的特点

吸收更迅速。具有速崩、速效的优势，3分钟内完全崩解，提高药物吸收速度。普通片剂或胶囊剂存在崩解速度慢的缺点，对药物的吸收有一定的影响。

服用更方便。崩解速度快，放入水中可分散成均匀的混悬液，适合老、幼及吞咽困难的病人服用。普通片剂、胶囊剂的体积较大，或一次需服用多片，需用水冲服，服用不方便。

治疗更高效。在崩解的过程中，逐渐形成均一的混悬液，吸收较快、充分，可提高药物的生物利用度。普通片剂、胶囊剂经口服后，由于胃内环境的影响，可能导致药物分散后有效成分不均一，不能达到最高利用度。

4. 临床产品

医院带动的产品在终端销售的阻力较小，患者对医生的信赖度高，比较容易推荐。尤其是拿医院处方到药房来找药更是顺水推舟的事情。

金莲花颗粒是儿童医院的临床产品，处方量大，来找的人多。

5. 品牌厂家

品牌意味着药品的质量高、安全性高、疗效确切，店员在推荐的过程中提及这个厂家，消费者更容易接受。

××软膏是广西玉林的一线品种，效果好、利润空间大，向消费者提正骨水的厂家，消费者更容易接受推荐。

6. 广告产品

广告产品意味着主动上门找的消费者多，店员向消费者推荐，消费者也比较容易接受。

××胶囊是广告产品，您在411路公交车和大型商务写字楼的楼宇广告都能看得到。

7. 医保品种、基药品种

这类品种意味着市场容量大，是消费者熟知的品种，更容易接受推荐。

这个六味地黄丸是基药品种，效果好、利润率高，不合作太可惜了。

8. 制造工艺先进

同一剂型不同的制造工艺，生产出来的产品的疗效差异很大。

××益母颗粒采用超细粉碎技术，把药材粉碎到60微米以下，不但大幅提高有效成分的浓度，而且溶后无杂质、无沉淀、无糊状物，人体肠黏膜更容易吸收，提升了产品疗效。

注意：不同的厂家、规格、剂型等不能比较，保健品、器械号产品、药妆号产品是不能和药品比较的。

（二）利益提醒

药店要生存，肯定是要考虑利润，所以，我们一定要提醒药店老板或采购经理，我们的产品能给他带来多少利润。在利益提醒中，我们要“避重就轻”，该谈扣率的时候谈扣率，该谈差价的时候谈差价。

A药品供货价5.5元、零售价22元、扣率是25%、差价是16.5元，这个产品谈扣率和差价都是有优势的，都可以说。

B药品供货价19元、零售价38元、扣率50%、差价19元，这时就谈中间有19元的差价，不要再谈没有优势的扣率。

（三）案例+数据

很多零售代表在谈产品利润的时候，爱说“这个产品扣率低”、“这个产品差价大”、“这个产品很赚钱”、“这个产品效果好”等苍白无力的话。“低”，低到什么程度；“赚钱”，能赚多少钱，请你把这些都用具体的数据和案例告诉老板或采购经理，只有数据才能留下深刻的印象。

“A产品在健康人大药房一个月能卖1000盒，消费者反馈很好，基本上每3个消费者中就有2个是回头客。这样，一个单品给健康人大药房就带来了16500元的利润，够发10个员工的底薪。您这里一个月只要卖100盒，一个单品带来1650元的利润，够您给一个员工开底薪了，何乐而不为？”

第三节　价值提醒

药品批发企业或者厂家在推广的过程中，一定要有独特的地方，区别于其他药品批发企业或药厂，才能打动采购经理或老板。你只要能给他带来稳定的长期收益，我想，他们是愿意和你合作的。

（1）**控销**

“我们公司的经营方式是控销，对于上游采购厂家，一个单品只采用独家省代或全国总代方式。一个厂家对于下游药店客户，一条街上或一个镇上只与一家药店合作，保证不乱价、保证最高零售价、保障最大利润。”

（2）**店员培训**

“产品进药店后，我们不是不管了，而是紧接着安排店员培训，传授产品的特点，指导药店店员推荐和联合用药，提高推荐成功率、提高销量，帮助促销。”

（3）**送货上门**

“没有金额限制，多少金额都送货上门。”

（4）**无条件换货**

“一周内觉得不好卖的产品无条件调货。”

（5）**礼品配合**

“针对一些季节性品种或是 VIP 客户，我们会定期配送礼品，帮助药店促销。”

（6）**赠送旅游**

“对于合作的大客户，公司安排旅游，全程免费。”

第四节　异议解决

一番介绍之后，药店经理或老板还是会提出一些异议，这时，你要消除他们的顾虑，为最后的合作努力。常见的异议有以下几种。

（1）**产品供货价太高**

“我们的产品是广告产品，消费者容易接受，销量大。单品的利润也高，一个产品进价 5 元，卖 10 元，一个月卖 100 盒，赚 500 元。另一个产品进价 1 元 1 盒，卖 20 元，一个月卖 1 盒，也只能赚 19 元。店里的保健品是最好的例子，保健品赚钱，但销量不大，一样不赚钱。而我们的产品从销量和利润空间来说都比较大，这时不做更待何时?”

（2）**产品太普通**

“我们的祛火药和同类产品不一样……（此处省去产品介绍），所以，我们的产品不普通，普药销量大是大家公认的。”

（3）**产品扣率高**

提示产品差价，如果这个优势也没有，就提示自己的产品是广告产品或者临床产品，销量大、不愁销。

（4）**担心产品价格乱**

“我们实行一街一店的控销，是全国总代或者省代品种，物流和渠道都能控制，出现乱价的药店，屡教不改的，直接停止供货。”

（5）**想做铺货**

说明公司目前是现款的制度。“我们的合作不是为了提高铺货率，而是为了双方共同提高销量而获利。铺货的产品您不重视，销量自然不好，最后清场，大家都麻烦。现在，公司的制度比较灵活，一周内无条件退换货，可以少量尝试卖，我也会积极配合您。”

（6）**产品好不好卖**

“康之家大药房罗汉果止咳一个单品一个月卖100多盒，消费者反映效果特别好。你的药店情况比它好，要是我们好好配合，一个月卖200盒是很容易的事（注意：列举的药店一定要在当地有一定的名气）。”

注意：所有的异议都可以用产品知识解决，医药零售代表要有过硬的产品知识。

第五节 成 交

在解答完客户的疑问后，要技巧性地选择成交，否则，错过了时机，前面的努力就全部白废了。如何技巧性地选择成交？用下面几个方式尝试。

选择性结束

“张经理，××胶囊您是要50盒还是30盒？”

我在北京做业务时，谈到最后问雷总：“KSNJ您要不进5盒？”雷总说：“只能进2盒。”说完后，雷总语重心长地说：“小鄢，你刚做业务，我提醒一下，下次你谈业务的时候，想让别人进10盒，你就提出30盒的数量，因为人总是爱打折扣的。30盒怎么打折扣也得进10盒，10盒打折扣就成三五盒了。”

特殊性交易

“张经理，我们现在一次性现款购入满1000元，送5瓶1kg蓝月亮洗衣液，建议您参加这个优惠活动。”

尝试性订单

“张经理，您先挑几个品种合作，给大家一个彼此合作的机会，也给我一个日后表现的机会。”

直接要求订单

“张经理，您对我们公司的产品比较认可，可以先拿 50 盒清火养元胶囊。”

第六节　告别并做拜访记录

谈判的流程走下来，不一定对所有的谈判客户都能拿到订单。这时，我们要做专业的告别。对于成交的客户，我们要表达谢意；对于没有成交的客户，我们要约定下次谈判的时间，并保证及时解决在谈判中遇到的困难。

“张经理，谢谢您对我工作的支持，我回去及时发货。以后，我会服务好您的药店，希望我们的合作更深入。”

“张经理，感谢您抽出宝贵的时间探讨我们的合作，针对您提出的问题，我及时回公司反映，后天再过来拜访您。”

出了药店，一定要及时记录这次拜访药店的重要信息，包括负责人的电话、对你比较感兴趣的人的称呼、药店的人员提出的要求和你承诺的事情，等等，以便为下次拜访提供重要的信息。

比如，2014 年 4 月 25 日，同济堂君康店，张店长手机号码××，要求贴 POP 做宣传。刘老师爱看《易经》，对我比较感兴趣。

第七节　拜访全过程示例

拜访情景一：领导不在，记住要信息

地点：杏林春大药房。

人物：店员、代表。

店员："你好，需要什么药？"

代表："您好，我是××药业的鄢圣安，有几个畅销产品，看能不能和咱们药店合作。"

店员："经理（老板）今天不在，你改天再来。"

代表："好，请问一下经理（老板）贵姓，一般什么时候在药店。咱们是连锁药店还是单店？"

店员："经理（老板）姓王，时间不一定。"

代表："您方便留一下经理的手机号码吗？"

店员："这个不行，给你留一个店里的电话吧。"

代表："好的，谢谢您，我下次来之前给店里先打电话。您这边是怎么排班的？"

店员："下午2点交接班。"

代表："好的，谢谢您，打扰您了，您忙，再见！"

拜访情景二：介绍畅销产品，达成初次小额合作

地点：杏林春大药房。

人物：店员、经理、代表。

代表："老师，您好！我是××药业的小鄢，上次来过，王经理今天在吗?"

店员："在，里面那位就是。"

代表："王经理，您好！我是××药业的小鄢，来了几次没碰到您，今天终于见到您了（递上名片）。"

经理："有什么事?"

代表："有几个畅销品种，看能不能和您合作（递上产品手册）?"

经理："××药业？你们是什么公司?"

代表："××药业是一家医药公司，有自己的药厂——武汉××药业，我们总代一些品种、全国招商，有自己的连锁药店××，还有自己做控销的第三终端。"

经理："哦，好的。你把册子放这里，有需要我联系你。"

代表："是这样的，经理，有几个在其他药店比较畅销的产品，我想给您介绍一下。像××胶囊是全国总代品种，在武汉也投放了广告，如411公交车广告、一些楼宇广告、药店终端的橱窗广告等。××胶囊实火、虚火都能祛，祛火的成分比较温和。另外，还有土党参，广东一带称为土人参，有很好的养元功效。这个药还可以治疗青春痘等，同济堂六合路药店一个月能卖50多盒。9.5元供货、零售19.8元，实行控销，1盒有10.3元的利润，一个单品就给它带来了500多元的利润！以后，我们的每个产品都会做学术推广，教您的店员卖给谁、怎么卖等，有这方面的支持。"

经理："好，你们是现款还是铺货?"

代表："是这样的，公司规定单次拿货3000元以上的可以月结，您可以挑一些品种。我们做严格的控销，跟您做了，就不会再做周边其他药店。如果和周边其他药店做了，您可以终止和我的合作，我也不是今天做了明天就不做的人，不会做失信的事情。所以，金额比较少的都是现款。”

经理：“我还是不愿现款做，我考虑一下，要货再联系你。”

代表：“是这样的，经理，今天来了也不是说非要您拿多少钱的货。重要的是给彼此合作的机会。今天来这里谈了，周边的药店我暂时不会去了，您一开始对我也不熟悉，咱们从小的合作开始，您先进一两百元的货，咱们先合作，您看我日后的表现，相信诚实、努力的我能和您长期合作。”

经理：“你们能开税票吗?”

代表：“我给您的报价是不含税的，您要税票需要加8个点（全职医药零售代表是可以提供税票的，原则上，累计金额1000元以上开）。”

经理：“哦，是这样啊，今天和你们合作有什么活动吗?”

代表：“现在，板蓝根有‘30送10’的活动，另外，初次合作，送货的时候给您带份神秘礼物。”

经理：“好，什么时候交换一下资质?”

代表：“您如果有备份，现在就给您带回去备案；如果没有，我明天过来找您，主要是营业执照、药品经营许可证、税务登记证。”

经理：“好吧，你明天这个时候过来，我在。”

代表：“好的，谢谢王经理，感谢您给了我们彼此合作的机会。您的手机号码是多少？您在其他地方还有药店吗?”

经理：“没有，明天准时过来啊。”

代表：“好的，王经理，不打扰您了，您请忙，各位老师请忙，以后请您多多帮忙，打扰了。”

拜访情景三：帮助店员解决动销难的产品

地点：杏林春大药房。

人物：店员、代表。

代表：“刘老师，您好！我是××药业的小鄢。”

店员：“认识你。”

代表：“今天王经理不在店里?”

店员：“是的，你找他有事?”

代表：“没有，就过来看看。对了，老师，我们的小儿××退热颗粒卖得怎么样?”

店员：“不好。”

代表：“奇怪了，同济堂平安店一个月能卖30多盒呢。”

店员：“是吗? 我这边卖得不好。”

代表：“您都是卖给哪类人?”

店员：“就是卖给发热的人群嘛。”

代表：“怪不得您这里卖得不理想，那个店是这样卖的：只要过来买美林的人，她们都会搭1盒我们的小儿××退热颗粒，只需要说光吃美林，小孩发热易反弹，家长就会认可，吃美林反弹是家长都认可的事。原因在于美林直接作用于小儿的中枢神经，并没有从根上解决小孩发热的病因：是外感风热引起还是体内郁热。而我们的中药小儿××退热颗粒就能从根上解决小儿发热的毛病，退热不反弹，高烧吃完美林后半小时服用小儿××退热颗粒，低烧就直接吃小儿××退热颗粒，儿童医院的大夫就是这么用的。”

店员：“哦，明白了，这回知道怎么卖了。”

代表："麻烦您多推推，下次给您带一份公司的小礼品。"

店员："好的，谢谢，我尽力卖。"

拜访情景四：要求店员重点陈列

地点：杏林春大药房。

人物：店员、代表。

代表："张老师，您好！今儿您当班了。"

店员："是啊，你今天转过来啦。"

代表："过来看看，好几次没碰到您，今儿总算碰到了。"

店员："碰我干吗？见到经理就行啦。"

代表："向您学习一下产品知识。"

店员："得了吧，向你们学习才对。"

代表："张老师能不能把××的陈列往上挪一挪啊？"

店员："没事，放在哪里都是一样的。"

代表："是这样的，最近公司领导要秘密检查陈列，不合格要罚款的。我赚点钱也不容易，你调到上面来吧，也方便拿啊，双赢啊，你就做做好人好事吧。"

店员："好吧，待会儿给你弄。"

代表："看您也挺忙的，我自己调一下，不麻烦您啦，呵呵！"

店员："好吧，你自己弄吧，摆整齐啊。"

代表："没事，包您满意。"

……

代表："张老师，您忙着，我还得去其他药店看看，改天再见。"

拜访情景五：介绍新产品，达成销售

地点：杏林春大药房。

人物：经理、代表、店员。

代表："王经理，您好！好久不见，今天终于碰到您了。"

经理："有什么事？"

代表："有一件重要的事，帮您赚钱的事！"

经理："别贫了，什么事？"

代表："有一个产品叫杏苏止咳糖浆，上个月公司武汉单店出库3000多盒，卖得特别好，看咱们这里能不能合作，我觉得一个月卖二三十盒没有问题。"

经理："能卖那么多吗？"

代表："卖得了，杏苏止咳糖浆来源于传世名方杏苏散，几百年的验方，治疗风寒感冒引起的咳嗽、痰多效果显著。这个药对小孩子吃了寒凉食物引起的咳嗽效果特别好，医院的大夫把它和午时茶配合在一起，对这种情况的患者特别有效。比如，午时茶100ml，卖3.5元，就是白捡回来的药也才赚3.5元，而且这种产品遍地都是，价格还透明；我们的这个产品240ml，能吃一周，卖18.5元，进价9元，您赚的也多，性价比也高。再说，咳嗽不是一两盒就能好的，还要巩固嘛。"

经理："好吧，弄点试试。"

代表："好，到时候我跟店员也说说怎么卖，其他货有要补的吗？明天一起送来？"

经理："我查查……"

……

代表："好的，王经理，您忙着，我明天送货过来，老师们再见！"

拜访情景六：结款

月结客户，结款时间为每月的28号。

时间：本月26号。

方式：打电话或者上门。

人物：代表、经理（老板）。

代表："王经理，您好！我是××药业的小李，现在方便接电话吗？"

经理："哦，小李啊，什么事？"

代表："是这样，后天是公司约定的结款时间，这个月共进了两次货，一次200元、一次300元，一共500元，我28号上午过去还是下午过去？"

经理："才500元，下个月一起结吧（客户还会罗列一些资金难处）。"

代表："当时我们约定了月结，还是按约定来吧（公事公办）。"

经理："怎么这么小气，钱又不多。"

代表："我理解您那边的难处，我也有难处啊。对您来说钱不多，我这边拖不起啊。收不回钱，公司会停止我所有的发货，还会扣发当月工资，直至货款收回。我们平时配合得也挺好的，所以，请王老板理解（表示理解的同时诉说自己的难处）。"

经理："你们公司也真是的，还扣钱。后天过来吧，我一天都在。"

代表："好的，那我们后天见（不用感谢，我们要账并不欠他什么）。"

批结客户情景类似，约好结款时间，带齐结款资料。

小知识

表4－1　常用的药物剂型特点

药品剂型	特点	
	优点	缺点
片剂	剂量准确、质量稳定、服用方便、便于识别、成本低廉	儿童和昏迷病人不宜吞服；储藏不当会逐渐变质，影响在胃肠道的崩解；含挥发油成分的片剂储存时间延长时含量下降；由于压制颗粒的表面积减少，药物释放速度减慢
咀嚼片	指在嘴里嚼碎后咽下的片剂，这类片剂适合儿童，儿童咀嚼片中会加入糖类及适量的香料来改善口感	
口含片	指含在颊膜内缓慢溶解而发挥治疗效果的片剂，多用于口腔及咽喉不适，可在局部产生消炎、杀菌的作用	
舌下片	含在舌头下面，可快速吸收药物	
肠溶片	指在胃液中不崩解，而在肠液中能够崩解和吸收的一种片剂，将药物制成肠溶片是为了满足药物性质及临床医疗的需要。这是因为许多药在胃液的酸性条件下不稳定，易分解、失效或对胃黏膜产生刺激；有的药只在小肠中能吸收	
缓释片	药物在体内缓慢释放，开始时释放速度较快、效果较好，随着时间推移，释放速度逐渐减慢，效果也逐渐减弱	
控释片	在24小时内药物以等速、定时、定量释放，血药浓度较稳定	

续表

药品剂型	特点	
	优点	缺点
分散片	分散片是指在水中可迅速崩解、均匀分散的片剂，相对于普通片剂、胶囊剂等固体制剂，分散片具有服用方便、崩解迅速、吸收快和生物利用度高等特点。它具有制备简单、服用方便、能降低药物的不良反应、提高药物生物利用度等优点	
泡腾片	便于保存和携带，泡腾片剂崩解快速、服用方便、迅速起效、生物利用度高，能提高临床疗效，特别适用于儿童、老年人和吞服药丸困难的患者。经过调味后的泡腾片，口味更佳，良药不再苦口，使病人更容易接受。由于崩解产生的大量泡沫便于药物与病变部位直接接触，更好地发挥其疗效作用，所以，泡腾片还用于阴道疾病等的防治用药	
胶囊剂	可掩盖药物不适的苦味及不良嗅味，提高药物稳定性；药物的生物利用度高；能弥补其他固体剂型的不足；可延缓药物的释放和定位释放药物	囊材主要是明胶，具有脆性和可溶性，若填充的药物是水溶液或稀醇溶液，可使囊壁溶化；填充风化性药物，可使囊壁软化；填充吸湿性很强的药物，可使囊壁脆裂
软胶囊	用明胶压制而成，囊壳内包液状药液。其特点是比针剂起效慢，但又比片剂、胶囊、颗粒剂起效快。生物利用度高，比口服液携带方便，在囊壳上稍加改变，便可做成肠溶软胶囊等缓释剂型，还可做成栓剂	
滴丸	有吸收迅速、生物利用度高的特点	
颗粒剂	可以直接吞服，也可以冲入水中饮用，应用和携带比较方便，溶出和吸收速度比较快。缺点是易潮解，对包装方法和材料的要求高	

续表

药品剂型	特点	
	优点	缺点
溶液剂	药物的分散度大、吸收快、作用迅速，具有良好的生物利用度；有效成分分散均匀，能准确量取使用，尤其适用小儿和老年患者；剂量的大小易调节，易控制；能降低某些易溶药物的局部刺激性；能增加某些药物的稳定性和安全性	储运不方便，水性制剂易霉变，对包装材料要求高，易发生配伍禁忌，化学性质不稳定的药物制成溶液剂易分解失效
混悬剂	难溶性药物的混悬剂在肠胃中释放比水溶液慢，但比片剂快，这点适用于儿童和吞咽困难患者	
散剂	表面积大、易分散、起效快；外用覆盖面积大，具有保护、收敛等作用；制备工艺简单，剂量易于控制，便于小儿服用；储存、运输、携带比较方便	由于粉碎后接触面加大，其嗅味、刺激性及化学性也相应增加，某些挥发性成分易散失，一些腐蚀性强、易吸湿变质的药物一般不宜制成散剂
膏剂（口服）	有效成分含量高，生物利用度高	
栓剂	栓剂的全身作用有以下特点：药物不被胃肠溶液或酶破坏，在直肠吸收较口服干扰少；直肠给药方便、有效，适用于不能或不愿吞服药物的患者；用药方法得当，可避免肝脏的首过效应，减少对肝脏的毒性和副作用	

续表

药品剂型	特点	
	优点	缺点
气雾剂	能使药物迅速达到作用部位、起效快；避免药物在胃肠道中降解，无首过效应；使用剂量小，副作用小；当口服或注射给药呈现不规则的药动学特征时，可改用气雾剂；药物被封装在密闭容器中，避免与空气和水分接触，同时也避免了污染和变质；使用和携带方便，对创面的局部刺激性小；昂贵药品浪费较其他剂型少	需要耐压容器、阀门系统和特殊生产设备，生产成本高；药物肺部吸收干扰较多，吸收不完全且变异性大；有一定内压、遇热和撞击可能发生爆炸，且可因抛射剂渗漏而失效
膏剂（外用）	广泛用于皮肤科和外科，具有保护润滑作用、局部治疗作用和全身治疗作用，直达病灶、起效快	
凝胶剂	指药物与适宜的敷料制成的均一、混悬或乳剂型的乳胶稠厚液体或半固体制剂，水性凝胶基质易涂布与清除，无油腻感，能吸收渗出物，释药快，但润滑作用差，易失水与霉变，故需加入保湿剂与防腐剂	
酊剂	把生药浸在酒精里或把化学药物溶解在酒精里而成的药剂，直达病灶、迅速起效	

第五章

动销：销售日常拜访

在医药行业里待久了的人都知道，药品零售行业把药品铺进药店是最简单的事情，最难的事情是药品的动销。

动销的快慢和快速上量，一方面和产品自身有关系，但更重要的是，和日常拜访有关系。日常拜访的内容和质量直接影响产品在药店的销售，本章探讨的内容就是日常拜访的工作。

第一节　拜访前的准备

这里谈的拜访前的准备，是产品已经入场，具体到每家药店，我们该准备什么。

翻阅拜访记录

查看关键人和部分药店店员的信息和称呼，以便进药店能直接叫对名字，以免叫错人尴尬；查看上次承诺的事情，今天能否兑现；查看上次店经理或店员提出的疑问，今天能否解决；查看答应别人的物料准备好了没有；查看上次聊得比较好的话题是什么，今天能不能再以这个话题为切入点。总之，就是了解上次拜访留下的信息，为今天的拜访提供有利条件。

准备好拜访的“借口”

很多零售代表，尤其是新人，不知道进药店的第一句话该说什么。店员问“今天来有什么事”，自己也不知道怎么回答，总是不能营造出欢乐的气氛。今天，我给大家准备了一些“借口”，供新人在以后的拜访中参考。

（1）**以送名片为由再次拜访**

“郭经理，您好！上次忘了给您留名片了，今天专程送来，我是××药业的销售经理鄢圣安，以后请您多多帮忙！”

（2）**送资料或者物料**

“张经理，您好！上次跟您说的××胶囊的展架今天拿过来了，您看放在款台行吗?”

（3）提供活动信息

“张经理，您好！今天过来有一个好消息通知您，××胶囊现在购50盒送10盒，我认为利润空间比较大、有吸引力，您这边参加吗？我一共就5个名额。”

（4）向客户请教问题或回答疑问

“张经理，您好！您上次反映的患者用苦参凝胶有灼热感的情况，我向公司反映了，答复是患者患有宫颈糜烂，宫颈有糜烂面，杀菌的时候会有这种感觉，坚持使用两天就好了。”

（5）借口路过

“张经理，您好！今天经过这边进来看看，您这边最近销量怎么样？”

（6）陪同上司拜访

“张经理，您好！这是我们的闫经理，今天过来拜访您。”

（7）其他事由

“张经理，您好！最近××胶囊的广告打得猛，同济堂安心店日销30盒，咱们这边怎么样？”

打电话预约

在做拜访计划之前，一定要打电话预约。一方面，免得自己跑冤枉路；另一方面，也是对客户的尊重。

“张经理，您好！我是××药业的鄢圣安，明天上午您在办公室吗？我想去拜访您。”

出门之前检查自己的仪容、仪表

良好的形象是维护客情的第一印象分，谁都不愿意和一个没有职业形象的人聊天、合作。

公司曾招过一个KA专员，发型时髦，在拜访完客户后，客户打电话跟我说："那个小伙子发型好特别，感觉不专业，像理发店的理发师，能和我这边衔接好吗？"

第二节　终端工作五大目标

铺　货

在终端日常拜访里提到铺货，主要是指在现有合作客户里，完善产品的种类（即铺进新品种）或补充产品的数量（补货）。

在医药零售行业竞争日益激烈的今天，通过提高铺货率提高销量的方法越来越不奏效。铺货虽然不是万能的，但离开铺货是万万不能的。我从来不否认货铺出去卖不动，可能发生退货现象，但就像大卫・奥格威说的："50% 的广告费用是没有用的，但你不知道那 50% 所起的作用。"货不能铺到终端去，产品连销售的机会都没有，更不要谈销量了。所以，我们必须将铺货进行到底，但也不是盲目地铺货。

我们应当遵循以下几个铺货原则。

（1）查看药店的历史销售数据和药店回款的信誉情况，选择客情关系比较好、信誉比较好的药店铺货，这样就不用担心产品的销售和回款。

（2）根据药店的陈列和店员建议，补充药店竞品较少的品种。

（3）第一次补充的新产品数量不要过多，根据动销情况及时补充。

（4）做好新近品种的陈列、店员教育和客情维护，维护好终端价格。

（5）对于销量不好的产品及时做调整、促销或退换货，避免过了有效期。

在协助业务员开发子墨大药房的时候，我发现，货架上有三个厂家的雪梨膏，并且规格和价格体系都很完善。我向店员了解到，某厂家的雪梨膏是该药店的首推品种，并且有销售任务，厂家业务员的客情维护也很到位。所以，我给业务员的建议是，要么做到首推，要么就不在该药店销售该产品，因为销量没有保证。

小知识：安全库存

"1.5倍的安全库存原则"的计算公式如下：

安全库存 = 上次拜访后的实际销量 ×1.5

建议订货量 = 安全存货量 – 现有库存

陈　列

产品本身是最好的广告，因此，要争取最好的陈列位置，与同类产品集中摆放，尤其要和第一品牌产品放在一起，充分扩大产品的陈列面，且始终让产品处于最佳陈列视觉位置。知名品牌的产品种类较多时，可以设立专柜销售。

陈列是指以最能诱导消费者的方式展示产品，将产品明显展示，增强消费者的购买欲望。医药零售终端陈列的意义在于，加强公司产品在消费者心目中的形象，吸引消费者，使其冲动购买，加深客户对公司及公司产品的信任，也加深店员对产品的印象，增加销售机会，帮助实现销售目标。

陈列工作总的原则是，让消费者看得见，让店员拿得到，让消费者买得到，即“易拿好取能卖”。

（一）如何优化陈列

1. 确保产品品种、规格齐全，数量充足

只有数量充足，才有气势。零零碎碎的几盒药是很难让消费者和店员产生购买欲望和推荐欲望的，如图5－1所示。

图5－1　数量充足的陈列面

2. 获取良好的陈列位置

良好的陈列位置（如图5－2所示）一是空间好的位置，二是货架好的位置。

空间位置：面向消费者入店的线路方向，营业员后方柜台视线与肩膀之间的高度，最贴近玻璃的地方，货架上层、头、尾、转弯及专柜，过道边的落地陈列。

货架位置：一般来讲，争取占据柜台最上层，产品双层纵向排放，做到占位好、易寻找、陈列醒目。一般把产品摆放在货架的黄金档位，并于同层档位摆放礼盒包装或于货架顶端摆放产品模型。所谓黄金档位是指药品陈列于货架的1.3～1.5米位置处。

图5－2　良好的陈列位置

做好陈列管理很有必要。有这样一则新闻报道：药房廉价药被放在角落，店员优先推荐高价药。报道中提到有网友表示：因感冒咳嗽、咽喉疼痛走进药店时，面对琳琅满目的感冒药、止咳药，往往请店员推荐，可廉价经典老药等一般不受店员青睐，反倒是一些不知名的“小厂药”，甚至保健品频频被列入极力推荐范围……

记者走访药店，发现很多问题，比如，部分药店“廉价药”被放在不起眼的角落，价高药打“黄牌标识”，店员优先推荐，想买维生素却被热情地推销保健品，等等。

正是因为药店经常有这种事情发生，品牌厂家才有必要加大对终端陈列的要求，怕的就是消费者因为广告和处方来到药店，找不到药，最终被拦截了。

3. 争取最大的陈列面

陈列面越大越好（如图 5 – 3 所示），争取在客流较多的位置陈列。将产品尽量摆放在消费者经常走动的地段，比如，端架、靠近路口的转角处等。一般来讲，看到产品的人越多，产品被购买的概率就越大。若放在偏僻的角落，产品不易被消费者看到，销量自然会受到很大影响。

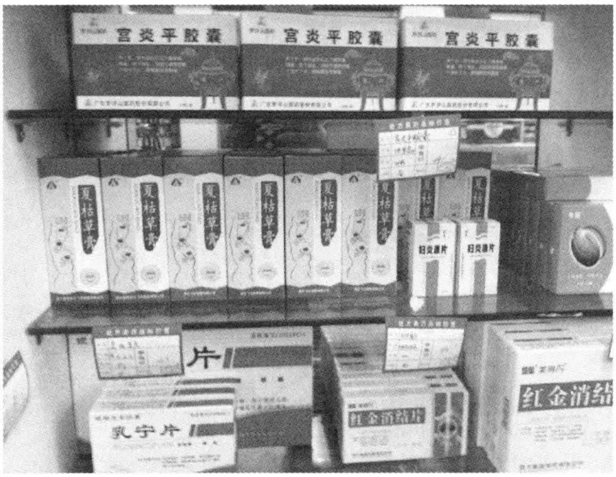

图 5 – 3　陈列面越大越好

IMS（艾美仕市场调研咨询公司）调查陈列面倍数与销量提高之间的关系如表 5 – 1 所示。

表 5－1　陈列面倍数与销量提高之间的关系

陈列面倍数	销量提高
2	15%
3	30%
4	60%
5	100%

4. 确保价格统一，标识清楚

药品的零售价签一定要标清楚产品的相关信息，名称、规格、厂家、价格，避免价签乱放带来不必要的麻烦。

5. 通过 POP 材料强化产品系列

POP（如图 5－4 所示）是店内将广告信息传达给消费者的最直接、最有效的方式，产品陈列配合 POP 同样能增强消费者视觉效果、增加销售机会。

图 5－4　药店 POP

（二）常用的陈列方法

1. 水平陈列（如图5－5所示）

图5－5　水平陈列

2. 垂直陈列（如图5－6所示）

图5－6　垂直陈列

3. 陈列架陈列（如图5－7所示）

图5－7　陈列架陈列

4. 堆头陈列（如图5－8所示）

图5－8　堆头陈列

5. 生动化陈列（如图5－9所示）

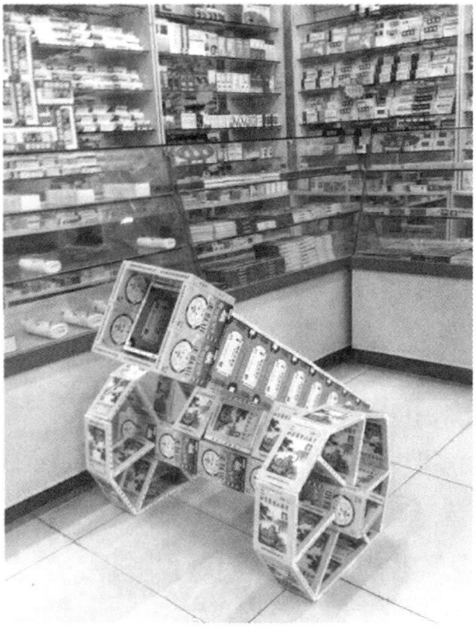

图5－9　生动化陈列

（三）陈列评估

药店陈列有一个衡量的标准，具体如表5－2所示。此表采用某知名厂家的陈列考评表，供大家参考。

表5－2　零售代表日常维护终端的自我考核评分表

	考核内容	得分
基本陈列（40分）	**货架式** 货架的位置必须选择OTC区域，与同类产品一同摆放 货架的位置在OTC区域靠近主渠道的一端（若位置已被买断，则选择次要的好位置）	

续表

<table>
<tr><th></th><th>考核内容</th><th>得分</th></tr>
<tr><td rowspan="3">基本陈列
（40 分）</td><td>产品应陈列于离地面 100～150 厘米高的货架上
每种 OTC 药品的陈列面应为 5 盒以上，或不少于竞争品牌
产品应以一定的角度将包装正面面向消费者
陈列的产品应无灰尘、无污染、无褪色</td><td></td></tr>
<tr><td>柜台式（包括后部货架）
选择店内 OTC 区域视觉冲击力最强的柜台及后部货架
陈列于柜台内的产品，要求陈列在柜台的最上层，产品的货架陈列位置应与成人的视线持平或略高
陈列在货架上的货品，陈列面 5 盒以上；若陈列于柜台内，陈列面 3 盒以上，或不少于竞争品牌
陈列的产品应无灰尘、无污染、无折压痕迹、无褪色
陈列产品的柜台上必须放置 POP 牌，并处于最醒目的位置（不允许放置的药店除外）</td><td></td></tr>
<tr><td>端架式
必须选择 OTC 区域内靠近主通道的一端（若位置已被买断，则选择次要的好位置）
陈列产品应无灰尘、无污染、无折压痕迹、无褪色
产品集中陈列</td><td></td></tr>
<tr><td>第二陈列
（45 分）</td><td>堆头
堆头的位置为中央通道、OTC 区域内的主要通道、靠近服务区和店头出入口等处的最佳位置
堆头为 1.5 米（长）×1.5 米（宽）×1.5 米（高）以上
阶梯层层面分明
所有的包装均须在堆头中表现
堆头上的产品应无灰尘、无污染、无折压痕迹、无褪色
产品摆放美观，便于客户拿取</td><td></td></tr>
</table>

续表

	考核内容	得分
第二陈列（45 分）	**货架以外的端架** 必须选择 OTC 区域内靠近主通道的一端（若位置已被买断，则选择次要的好位置）	
软终端（15 分）	店员了解产品功效 店员了解公司各类广告信息 店员对公司人员有良好的口碑	
加分项目	药店设立第二陈列点，并基本达到陈列要求 不能放置终端产品的药店有公司的终端产品	

（四）陈列大赛

现在很多厂家在做陈列大赛，以优化陈列。**因为陈列大赛一般是在全国范围内推广，有利于提高厂家和产品的知名度，让药店店员了解和熟知产品，增加产品的首推概率，再加上生动化和有特色的陈列更能吸引消费者的眼球，提高产品在消费者心中的品牌地位，为店员推荐产品、让患者接受做铺垫。**以下是某药厂的陈列比赛的操作方法，内容非常详细，供大家参考。

为配合××软胶囊终端宣传工作，调动药店店员陈列××软胶囊的积极性，××公司推出了“××陈列包装大赛”，参评办法如下。

第一，只要店员将所在药店××软胶囊优美的 POP 包装照片寄到《××店员俱乐部》编辑部，或交给××OTC 代表，就可参加评选活动。

第二，照片内容可以是药店全景的包装，也可以是局部的包装。大规模的柜台商品陈列、整齐划一的吊旗悬挂、醒目的海报张贴、大范围的产品模型摆放、有创意的产品堆头陈列，新颖的跳跳卡粘贴……都是可以入选的内容。

对××OTC代表的要求：每个OTC代表要大力协助药店做好本项工作，确保各种包装物到位，每人必须有2家店参与评选，多者不限。

奖项设置：特等奖1名，奖励现金1000元；一等奖5名，各奖励现金500元；二等奖10名，各奖励现金200元；三等奖50名，各奖励现金100元；纪念奖，凡参评的药店均有精美的纪念品。另外，获奖照片及柜组人员名单将在《××店员俱乐部》杂志上刊登。

1. 陈列竞赛的操作方法：前期市场调研及政策支持

深入的市场调研、详细的终端零售店档案资料是开展陈列竞赛的基础，业务代表在日常拜访中，应翔实记录以下几方面的资料。

（1）零售店的详细地址、邮政编码、电话号码。

（2）零售店的性质、主要负责人、主要目标店员的姓名及联络方法。

（3）零售店的进货渠道、付款方式及资信情况。

（4）零售店的经营规模、营业面积、经营品种、是否为连锁经营。

（5）了解零售店内能否开展促销活动，哪种促销活动形式最适宜。

（6）了解哪种零售店促销品效果最好，零售店管理人员对零售店促销品的建议。

厂家可根据以上资料，进行科学的整理、归档和分析，并对零售店进行级别评定，如通用的A、B、C三个等级，了解零售店的分布、分级、营业情况及连锁店的多少和连锁店对陈列竞赛的态度。

有了详细的零售店资料，接下来就可以初步选择参加竞赛的A、B类店的大概范围，以及业务员的管理区域，制定一套详细的陈列竞赛参赛方案。

2. 陈列竞赛计划及预算的制订

在充分进行市场调研与考察的基础上，接下来就进入陈列竞赛计划与预算的制订阶段了。一个完善的活动计划及预算案包括：

（1）目的：提高产品零售店铺货率、刺激目标用户的购买欲、扩大产品认知度、提升厂家形象、建立良好的客情关系和信息反馈系统都是陈列竞赛的目的，但提高产品销量才是活动的终极目的。

（2）活动时间：最好选择有电视广告配合的时间，可起到辅助作用。

（3）活动安排：包括准备期与实施期，活动安排尽可能详尽，具有实效性与可操作性。

（4）人员职责与考核方法：人员包括活动期间营销策划人员、办事处主任（地区经理）、业务代表和临时人员等，一个科学的职位描述和绩效考核体系是活动成功的关键。

（5）陈列竞赛评比细则：包含商品陈列面、产品专柜、陈列位、同类产品的陈列位置、第二陈列位和POP摆放等内容，如商品陈列面共占10分，若商品陈列面大于5个得10分，每少一个扣2分。

（6）评比方式：根据各区域或产品情况，可采用不同的评比方式，如照片评比、日常评比和抽查评比等方式，综合计分。

（7）评比及奖励：陈列竞赛的评委可由当地影响较大的批发商、零售商、媒体人员、厂家人员等组成，在参赛零售店中评选出优胜者并给予奖励，亦可设立商品陈列奖。对于中小零售店，该奖项可以和条幅、灯箱联系在一起，即洽谈条幅、灯箱协议时将产品摆放作为重要条件包括在内。

（8）费用预算：含陈列奖、人员费用、胶卷冲洗费、奖金及奖品等。

价格维护

之所以要维护零售终端药品价格，是因为在终端零售药店有乱价的行为。乱价的原因是，在药品零售终端拿品牌药品作为“眼球产品”，打价格战来吸引消费者，然后销售自己拦截替代型的品种，而没有价格维护。一旦你的产品陷入残酷的价格战，药店就无利可图，你的产品就不会有大的销量，这也是要做终端价格维护的原因。

怎么做价格维护。

（1）**严格控销**。一条街上只和一家药店合作，保证最高零售价、保证最大利润、保证最大销量。

（2）**签订同城同价协议**。在合作之初，签订价格协议，指定零售价，出现价格偏离，清货退场、停止供货。

（3）**协调跟踪**。业务员在终端拜访过程中，发现乱价现象及时同药店协商解决。

某品牌参芪健胃颗粒在温州地区终端供货价在11.3元左右，

药店零售价可至28元左右。起初，公司没有意识到价格维护的问题，因为是临床产品和公司的尖刀品种，在终端的销售上给予了很大支持。产品本身疗效也好，得到了消费者的认可，成为药店的必备品种，产品销量也快速提升。因为一直没有做价格维护和控销，该产品逐渐成为药店做活动的“眼球产品”，不断地压低零售价，最低的时候压到了15元，很多药店一看无利可图，也就放弃了该产品，产品销量急剧下滑。

意识到这个问题，公司领导赶紧清除市场上该产品现有规格的产品，换成大规格产品、统一供货渠道、统一零售价格，实现控销，凡是不遵守价格协议的客户一律暂停合作。此后，销量逐渐恢复。

店员培训

据IMS调查，约六成的消费者是有目标品牌选择的，此类客户占比最大，其中，90%集中在睡眠障碍类患者上。同时，有目标品牌选择的习惯得到药店店员推荐后会改变的比例也高达60%。医生推荐、药品口碑和药店店员推荐是影响购买者选择的主要原因，其中，影响最大的因素是医生推荐。

进一步看药店店员推荐方面的数据。大多数消费者倾向于接受药店店员的推荐，特别是30~45岁的消费者；约有74%的消费者主动要求药店店员推荐；29岁及以下的人群要求推荐的比例是最高的；而“有时”具有目标品牌的消费者，64%会要求药店店员推荐。

（一）为什么要做店员培训

上述数据显示了药店店员的推荐对药品销售的重要程度，在一些地方，药店店员的医药知识并不丰富，对药品没有深入的了解，只是凭感觉猜测药品的功效，当然，也不会主动推荐自己不熟悉的品种。开展店员培训后，店员了解了产品及产品的治疗效果，增强其推荐的信心，也为他们给终端消费者推荐药品提供了说辞。开展店员培训还有以下作用。

（1）提高公司品牌知名度。

（2）提高店员对产品的认可度，使店员掌握和认可产品治疗信息。

（3）对抗竞争品牌的推广。

（4）与店员建立良好关系，使产品成为第一推荐药。

药品在药店的销售过程中，店员所起的作用是不可替代的，而制药企业或医药公司依靠店员提高产品销量无疑是最直接、最经济的手段。因此，医药企业的终端人员都把药店店员作为重点工作对象，通过培训，使他们掌握产品知识和卖点，达到销售时向消费者主动推荐的最终目的。

所以，药店店员培训是零售代表五大终端工作的核心。

影响店员推荐率的因素主要有：

（1）店员对产品的了解程度。

（2）正在进行的促销活动。

（3）该产品的知名度。

（4）产品的质量和疗效。

（5）该产品的利润。

（6）产品陈列位置及拿取难易度。

（二）如何开展店员培训

店员培训的形式多种多样，但一定要在自愿的前提下进行。

这样，店员才容易接受知识，才会认真培训，最终将产品信息传递给消费者，将学到的知识用在产品推荐中。

1. 一对一培训

不是所有的培训都要兴师动众，产品知识的培训无时无刻都在终端的拜访中。一对一培训就是零售代表在日常拜访中，谈到产品的卖点，做一个简单的介绍。所以，零售代表也要锻炼成为产品专家和培训专家。实战中，如果你说："老师过来，我们做一个产品培训。"我想，没有人会搭理你。如何在无声无息中开展培训，勾起他们的好奇心无疑是一个好办法。

时间：某拜访日下午2：30。

地点：同济堂同心店。

人物：代表、张老师。

代表："张老师，您好！最近××胶囊卖得怎么样？"

张老师："还好（一般、不太好）。"

代表："哦，同济堂大角店现在一个月能卖50多盒了！"

张老师："是吗？他们怎么卖的？"

代表："听他们的李老师说，主要卖给上火的人群，比如，熬夜后的兔子眼、脸上长痘痘，还有便秘的患者。他对消费者说××胶囊实火、虚火都能治，而且生津、祛火、不伤元气。一般的退火药都是祛实火，并且其他清火药含大黄、石膏，脾胃不好的人服用后容易拉肚子，这个产品里的'土大黄'是苗药药材。李老师这样推荐后患者容易接受，并且反馈药品疗效也很好。"

张老师："我也试试看。"

代表："那就麻烦您多推推，及时反馈信息。"

提炼一两句容易记住的话，反复地跟店员讲，就在他的脑中留下了深刻的印象，他再卖产品的时候也就记住了。在无形之中做店员培训工作才是最高境界！

2. 店员培训会

店员培训会一般是把店员集中起来培训。单体药店一般在门店、消费者比较少的下午2：30左右举行，刚好也是一般药店交接班的时间，可以大量地集中店员。连锁药店一般是在连锁总部会议室或者其他外租会议室进行，其内容和流程基本一致。

培训会前的准备：授课课件、产品画册、产品易拉宝、大的产品展示盒，和连锁总部沟通好设备，是否需要自带笔记本电脑、礼品等物料。

培训的内容及流程：

（1）自我介绍及公司介绍。

（2）核心产品介绍。

产品最重要的卖点（不要求多，最好在3个以内，能用简洁的语言总结）。

与其他品牌产品比较（特别是区别于其他同类产品的优势）。

产品的正确使用方法（特别重要，包括用法及用量）。

产品的副作用（通俗易懂）。

消费者经常会问的问题及解答（提前收集信息，最好做市场调查）。

（3）提问。

核心产品的陈列位置（加深印象，告诉他们放在哪里）。

核心产品的重要卖点（提醒他们记住产品信息）。

您下次如何向消费者推荐我们的产品（现场演练）。

（4）发奖。注意询问获奖者的姓名，以便以后重点关注。

（5）感谢。感谢大家参会。

药店店员培训会表格如表 5－3 所示。

表 5－3　药店店员培训会申请、记录表

<table>
<tr><td colspan="6">药店店员培训会申请、记录表</td></tr>
<tr><td>药店名称</td><td></td><td>培训时间</td><td></td><td>申请时间</td><td></td></tr>
<tr><td>授课人</td><td></td><td>礼品情况</td><td colspan="3">A 类礼品　份 B 类礼品　份
C 类礼品　份</td></tr>
<tr><td>参加培训
店员签名</td><td colspan="5"></td></tr>
<tr><td>现场图片</td><td colspan="5"></td></tr>
<tr><td>审批人</td><td></td><td>检查、复核人</td><td></td><td>零售代表</td><td></td></tr>
</table>

3. 问卷调查形式的培训

这类产品通常是把核心产品的信息用调查表或卡片的形式展示出来让店员参与其中，发一份小礼品，或者抽奖奖话费，主要目的也是加深店员对产品的了解和印象，加大推荐的力度，提高产品销量。

我见到过某知名医药企业以答题卡的形式进行店员培训，要求店员填上基本信息，包括姓名、生日、电话号码等。然后，告诉店员把资料拿回去抽奖，奖励话费。其实，要奖励的店员已经定下来了，就是客情关系比较好、货卖得比较多的店员。这样做，一方面加深了客情关系；另一方面，也告诉其他店员活动抽奖存在的真实性。

（三）店员培训后的跟踪

零售代表花大量的时间、物力和精力做店员培训，无非就是为了与店员建立起良好的客情关系，让店员掌握相关的产品知识，特别是产品的核心卖点，让店员主动向消费者推荐我们的产品，最好成为“第一推荐”。

为了实现上述培训的目的，零售代表要重视培训后的回访，进一步询问店员销售情况、熟悉店员，让店员对产品有更深的了解，加大产品的推荐力度，为首推做铺垫。

客情维护

说一句我做业务体会出来的比较俗气的话：**“没有利益就没有客情，没有客情就没有首推，没有首推就没有销量。”**

店员也是人，店员出来上班也是为了养家糊口，不是出来玩的。他们也是感性动物，他们只愿意卖和他们关系比较好的业务员的厂家产品、和他们有直接利益的产品。如何维护和店员之间的客情关系，直接关系到你的产品在这家药店的销量。要维护好客情关系就要有利益上的来往，不管是精神上的还是物质上的。下面说几个维护客情的小方法。

（一）小恩小惠法

就是日常拜访中带一些小礼品，比如，笔、镜子、饮料、水果等。

我在与春茗药房合作初期，在药店附近买一些时令水果，价格也不贵，控制在10元以内，比如，柑橘等，送到店里让店员们一起分享，他们就记住我了。不要心疼那点钱，哪有买卖不投入就有回报的？销量的提升给你带来的收入和精神上的鼓励，绝对高于你的投资。

（二）投其所好法

和店员一起聊一个比较感兴趣的话题，比如，他最近看过的电影、书，碰巧你也看过，谈谈感受，也是一个好办法，如果你和他都是某项运动的爱好者，话题就更多了。

我在北京做业务期间和海淀大药房客情关系的提升就是某日拜访，碰巧李老师在看《易经》，而我在上学期间也看过，我们交流感想，互留QQ号，最后以此为平台，我们建立了良好的关系，我的产品销量也起来了。

（三）微笑赞美法

如果你实在不愿意投入，连一瓶水也不愿意买，你也没有什么丰富的知识，那么，请你记得微笑。真诚地对待每个店员，用自然的赞美获得店员的认可，比如，她的发型、气色等。

“李老师，您今天的气色看起来真好，遇到什么喜事啦？”
“李老师，您的这条围巾特好看，显得您很有精神！”

（四）示弱叫苦法

人们都会同情弱者，你可以说说自己的辛苦之处以获得同情。

在协助刘昊开发万年永清药店的时候，我说："经理，您看这小伙也挺实在的，都来5次了，他住的地方离您这里又远，这么热的天气，一个胖小伙也不容易，您就给他一个合作的机会吧。"最终开发成功。

（五）感动法

都说销售的最高境界是感动，感动客户。做一件感动药店采购负责人的事，我想你的产品进店就不难了；做一件感动店员的事情，我想你的产品销量就不用担心了。替店员理理货，替店员办一些棘手的事情，在特殊的日子送一份神秘的礼物等。

和业务员刘昊随访时，万年永清的黄经理提到，当时小刘跑店的时候，连续来了五六次，无论刮风、下雨，因为他刚跑业务，产品介绍也没有吸引力，但是很少有业务员像他一样来这么多次。可见，感动客户的可以是你的坚持、不怕苦的精神，或者是你的个人经历。

第三节　销售礼仪

零售代表是企业的“外交官”，是企业与客户沟通的友好使者。为了树立良好的形象，有利于销售工作的开展，销售人员应注重销售的基本礼仪。

正确而恰当的礼仪是人类交流情感、建立友谊的桥梁，对销售人员来说，得当的销售礼仪是开展业务的纽带和润滑剂。此外，礼仪还是反映企业文化、精神面貌的一个窗口。对零售代表来说，经常会遇到以下几个方面的礼仪：仪表礼仪、介绍礼仪、握手礼仪、名片礼仪、用餐礼仪、手势礼仪。

仪表礼仪

学者研究表明，组成第一印象的三个要素所占比例分别是语言7%、语调38%、仪表视觉55%。第一次见面，别人不知道你读了多少书，也不知道你的为人怎么样，唯有通过仪表给你第一印象分。

男士：

（1）头发整洁。不留长发和卷发、不剃光头，没有头皮屑。

（2）鬓角不超过耳朵的长度。

（3）除非掩饰一些面部缺陷，否则不要留胡子。

（4）口腔和牙齿清新无异味，清洁无异物。

（5）如果随身携带资料或样品，尽可能使用公文包，不要提塑料袋或纸袋。

（6）西装与衬衣、领带及鞋子穿着搭配恰当。

（7）视具体情况选择正装或便装。以前，一直主张零售代表在与客户交流中尽可能着正装，但现在这种习惯也发生了变化，比如，对一些熟悉的客户，穿便装有时会得到更好的结果，能给客户带来轻松的感觉，但要选择款式好、质地好、适合自己气质和外形的便装。

女士：

（1）发型庄重、梳理整齐，长发可用发卡或盘发。

（2）可化淡妆，面带微笑。

（3）着正规服装，大方得体。

（4）指甲不宜过长，涂指甲油时须使用自然色。

（5）裙子长度适宜。

（6）穿肤色丝袜，无洞。

（7）鞋子光亮、清洁。

小知识

（1）可随身携带口香糖、漱口水或茶水，以便及时清除口中异味，保持口气清新，尤其是有吸烟习惯的零售代表。不建议在工作时间吃容易有异味、易残留的食物，比如，大蒜、辣椒、韭菜等，吃饭后要及时检查口腔卫生。

（2）夏天天气热，易出汗，零售代表务必随身携带面巾、湿巾或纸巾将汗水、油腻、灰尘，特别是眼角处擦拭干净。

（3）冬天空气干燥，嘴唇容易皲裂出血，面部皮肤脱皮，零售代表可随身携带唇膏、护手霜和润肤露。注意用量适度，不要过多。

（4）鞋子上的灰尘要及时处理，不要“风尘仆仆”地拜访客户。

介绍礼仪

零售代表经常会和经理协同拜访客户，这时就会遇到为初次见面的双方介绍的问题。介绍的礼仪也要有逻辑性，总的原则是介绍“卑者”给“尊者”认识。

（1）介绍年轻的给年长的。

（2）先介绍自己的同事给客户。

（3）介绍职务低的给职务高的。

（4）介绍非专业人士给专业人士。

（5）介绍男士给女士。

注意：介绍他人时，面带微笑、目光柔和，正视对方颈部以上区域，声音清晰、洪亮地介绍被介绍人的姓名和基本资料，比如，职称、职位、工作单位等。

“张经理，您好！我来介绍，这是我们××药业的销售经理鄢圣安，负责整个武汉市的销售工作。”

握手礼仪

握手通常是你与他人第一次见面时的身体接触动作，握手这个简单的动作在不同的时间、不同的场合会传递不同的信息。

握手时，伸手的顺序是上级在先、主人在先、长者在先、女性在先，握手的时间一般在2～5秒为宜。

（1）零售代表握手时应当坚定有力，以表示能够做决定并愿意承担风险，表示你很高兴认识对方。

（2）保持手部的清洁、干爽与温暖。

（3）男士一般不要主动和女士握手，女方一旦伸手，男士应当倍感荣幸地与对方握手。

名片礼仪

交换名片是交流的重要一步，有助于工作的顺利开展，使用名片时要注意以下几个方面。

名片夹装放：名片夹需要放在商务包或衣内口袋里，忌讳放在衬衣口袋、裤兜，特别是屁股后面的裤兜里。

递名片：

（1）递名片时，最好从名片夹里取出，名片夹最好放在上衣胸部口袋中，勿放在裤兜里。

（2）起立交换名片，不要坐在座位上等待，要起立向前招呼，并交换名片。

（3）如果拜访的客户地位比自己高，零售代表应先递上名片。对方不止一位时，从对方地位最高的开始递。己方不止一位时，也从地位最高的开始交换名片。

（4）给对方的名片应当方便对方看，应当将名字的方向朝向对方。

（5）双手递上名片。双手捏着名片两角齐胸递上。

（6）递名片时应说“请多关照”、“请多指教”之类的寒暄语。

接名片：

（1）必须起身接收名片。

（2）应用双手接收。

（3）接收的名片不要在上面做标记或写字。

（4）不可来回摆弄接收的名片。

（5）接收名片时，要以恭敬的态度认真地看一遍。

（6）不要将对方的名片遗落在座位上或存放时不注意掉在地上。

（7）遇到难认字，应事先询问。

用餐礼仪

在维护客情的时候，免不了请客户吃饭，这无疑能促进客情关系的建立、维系、巩固和深化。

（1）地址的选择

尽可能考虑交通方便的地方，最好是在客户离家近或者离办公室不太远的地方，必要时征求客户意见。记住，你请客户吃饭，一定要以客户为中心，尽可能考虑客户。

（2）就餐类型的选择

是普通中餐、火锅、西餐、自助餐还是其他餐饮，必要时可以征求客户的意见。在日常生活中，零售代表也要了解一些就餐礼仪，尤其是平时吃的少的西餐，免得到时候尴尬。

也可以根据季节选择特色菜，比如，夏季吃虾、秋季吃蟹等，但一定要考虑客户的意见，尤其是过敏体质的客户。

（3）座次的安排

事先需要安排合适的座位及陪同者，北方很讲究座次，主陪、副陪等，零售代表应该了解这方面的知识，免得尴尬和引起误会。

（4）点菜与酒水

为了表示尊重，会礼节性邀请客户点菜，一般情况（不排除特殊情况）客户不会点菜。主人点菜时应尽可能对客户的喜好有所了解，尽量点客户喜欢的菜。注意忌讳，主要是指少数民族的习俗。

(5) 餐桌礼仪

忌讳给客户夹菜，尤其是用自己的筷子；忌讳在就餐过程中不停地谈工作；忌讳过度劝酒；忌讳嘴里含着食物大声谈笑、唾沫横飞；忌讳大规模越界夹自己喜欢的菜；忌讳嘴巴发出很响的咀嚼声；忌讳在众人面前打嗝、打喷嚏、咳嗽、剔牙、补妆、抹嘴、抠鼻、吸烟等。

手势礼仪

与领导、职位高的客户打交道时应少用手势。因为频繁地使用手势不仅会显得个性张扬，还会削弱对方的权威。因此，零售代表需要根据不同的情况对使用手势的程度进行适当地调整。

（1）坐得近时，手势要少；坐得远时，手势幅度可以增大。

（2）手势过快或过慢都不好，速度要适中。过快的手势会使人觉得说话人内心不定，而过慢又不能影响对方的情绪。

（3）手势不要过于夸张，清晰、简单并适度。

（4）忌用手指或手中的物件指客户、拍自己的大腿，谈话中不断摸自己面部或抓头发的动作应当坚决杜绝。

第六章 客户管理

第一节　建立客户档案

建立客户档案、对客户的重要信息进行记录是客户管理的一项基础工作。

零售药店客户档案的建立主要分为两部分，一是零售单体药店档案的建立，二是连锁药店档案的建立。建立零售药店档案有利于我们全面了解客户信息，掌握终端药店的数量和质量，为高效率地开展销售工作提供信息。

单体药店档案的建立

单体零售药店的档案建立要对以下信息进行汇总和管理。

（1）药店级别、名称、是否医保定点、负责人、电话。

（2）所处商圈。

（3）店员的组成情况及排班情况。

（4）店员的销售能力及销售水平。

（5）以往采购的品种、数量及月纯销量。

（6）结款方式和回款情况。

（7）对公司的认可度（产品在药店的销售级别）。

（8）店内竞品的销售情况。

下面是单体药店档案表（如表6－1、表6－2所示），供广大零售代表参考、使用。

表 6－1　由公司保存的药店档案表

<table>
<tr><td colspan="6">单体药店档案表</td></tr>
<tr><td>药店名称</td><td></td><td>级别</td><td></td><td>是否医保定点</td><td></td></tr>
<tr><td>药店地址</td><td colspan="5"></td></tr>
<tr><td>负责人</td><td></td><td>电话</td><td colspan="3"></td></tr>
<tr><td>关键人</td><td></td><td>电话</td><td></td><td>生日</td><td></td></tr>
<tr><td>营业时间</td><td colspan="5"></td></tr>
<tr><td>排班情况</td><td colspan="5"></td></tr>
<tr><td>店员情况</td><td colspan="5"></td></tr>
<tr><td>位　置</td><td colspan="5">□居民区　□商业区　□工业区　□学校　□旅游区　□杂居区　□其他</td></tr>
<tr><td>结款方式</td><td colspan="5">□现款　□月结　□批结</td></tr>
<tr><td>结款备注</td><td colspan="5"></td></tr>
<tr><td colspan="6">本公司主要产品的销售情况</td></tr>
<tr><td colspan="2">产品名称</td><td colspan="2">销售级别</td><td colspan="2">销售政策</td></tr>
<tr><td colspan="2"></td><td colspan="2"></td><td colspan="2"></td></tr>
<tr><td colspan="2"></td><td colspan="2"></td><td colspan="2"></td></tr>
<tr><td colspan="2"></td><td colspan="2"></td><td colspan="2"></td></tr>
<tr><td colspan="2"></td><td colspan="2"></td><td colspan="2"></td></tr>
<tr><td colspan="2"></td><td colspan="2"></td><td colspan="2"></td></tr>
<tr><td colspan="6">竞品的销售情况</td></tr>
<tr><td>产品名称</td><td>规格</td><td>厂家</td><td>供货价</td><td>零售价</td><td>销售级别及促销政策</td></tr>
<tr><td></td><td></td><td></td><td></td><td></td><td></td></tr>
<tr><td></td><td></td><td></td><td></td><td></td><td></td></tr>
<tr><td></td><td></td><td></td><td></td><td></td><td></td></tr>
<tr><td></td><td></td><td></td><td></td><td></td><td></td></tr>
<tr><td></td><td></td><td></td><td></td><td></td><td></td></tr>
</table>

表 6－2　由零售代表本人保管的药店档案表

零售药店档案表					
级别	药店名称	地址	关键人	电话	产品及促销政策

连锁药店档案的建立

连锁药店作为药品零售的一个重要组成部分，连锁药店的档案建立也是零售代表重点关注的。档案包括的信息有：

（1）连锁名称、连锁级别、总部地址、采购经理及运营负责人。

（2）重要门店的地址、店长、关键人及电话。

（3）门店店员的上班情况。

（4）对公司产品的认可度及竞品的销售情况。

（5）主要的促销手段。

下面是一份连锁药店档案表（如表 6－3 所示），供广大零售代表参考、使用。

表 6 – 3　连锁药店档案表

<table>
<tr><td colspan="8">连锁药店档案表</td></tr>
<tr><td>药店名称</td><td colspan="3"></td><td>总部地址</td><td colspan="3"></td></tr>
<tr><td>门店总数</td><td></td><td>加盟店数</td><td></td><td>是否医保定点</td><td></td><td>有无网店</td><td></td></tr>
<tr><td>采购负责人</td><td></td><td>电话</td><td></td><td>爱好</td><td colspan="3"></td></tr>
<tr><td>运营负责人</td><td></td><td>电话</td><td></td><td>爱好</td><td colspan="3"></td></tr>
<tr><td>进货渠道</td><td colspan="3"></td><td>结款方式</td><td colspan="3"></td></tr>
<tr><td colspan="8">合作产品</td></tr>
<tr><td>产品名称</td><td>规格</td><td>供货价</td><td>零售价</td><td colspan="4">促销政策</td></tr>
<tr><td></td><td></td><td></td><td></td><td colspan="4"></td></tr>
<tr><td></td><td></td><td></td><td></td><td colspan="4"></td></tr>
<tr><td></td><td></td><td></td><td></td><td colspan="4"></td></tr>
<tr><td></td><td></td><td></td><td></td><td colspan="4"></td></tr>
<tr><td></td><td></td><td></td><td></td><td colspan="4"></td></tr>
<tr><td colspan="8">主要门店信息</td></tr>
<tr><td>分店名称</td><td>地址</td><td>店长</td><td>手机号码</td><td>关键人</td><td>手机号码</td><td colspan="2">备注</td></tr>
<tr><td></td><td></td><td></td><td></td><td></td><td></td><td colspan="2"></td></tr>
<tr><td></td><td></td><td></td><td></td><td></td><td></td><td colspan="2"></td></tr>
<tr><td></td><td></td><td></td><td></td><td></td><td></td><td colspan="2"></td></tr>
<tr><td></td><td></td><td></td><td></td><td></td><td></td><td colspan="2"></td></tr>
<tr><td></td><td></td><td></td><td></td><td></td><td></td><td colspan="2"></td></tr>
<tr><td></td><td></td><td></td><td></td><td></td><td></td><td colspan="2"></td></tr>
<tr><td></td><td></td><td></td><td></td><td></td><td></td><td colspan="2"></td></tr>
</table>

建立客户档案的目的是为了有效地管理客户、分析客户和查阅相关信息，因此，药店档案的各项数据的真实性相当重要，应及时修改有变化的客户信息。原则上，每年年初都应重新完善客户档案的相关信息，一方面，保证数据的真实性；另一方面，帮助零售代表梳理自己区域内的药店，了解自己区域的情况。

第二节　客户评估

经过一段时间的合作，零售代表需要对客户进行梳理和评估，以便及时调整销售政策。一方面，客户评估需要掌握客户平时的交易情况；另一方面，要综合评估客户信用信息、合作态度、产品销售能力、客户方采购经理的稳定程度等指标。

下面是一份客户评估表（如表6－4所示），供广大零售代表参考、使用。

表6－4　客户评估表

<table>
<tr><th colspan="6">客户评估表</th></tr>
<tr><td>客户级别</td><td></td><td>药店名称</td><td></td><td>初次合作时间</td><td></td></tr>
<tr><td rowspan="2">业绩评估（实得分＝满分＊完成率）</td><td>销售目标</td><td>实际销量</td><td>完成率</td><td>满分</td><td>实得分</td></tr>
<tr><td></td><td></td><td></td><td>50</td><td></td></tr>
<tr><td>合作态度</td><td colspan="3">□优　□良　□中　□差</td><td>20</td><td></td></tr>
<tr><td>信用评估</td><td colspan="3">按未按时回款次数评估</td><td>20</td><td></td></tr>
<tr><td>有效商业信息提供</td><td colspan="3">□优　□良　□中　□差</td><td>10</td><td></td></tr>
<tr><td>总分</td><td colspan="3"></td><td>100</td><td></td></tr>
<tr><td>综合评估</td><td colspan="5">□优（90分以上）　□良（81～90分）　□中（70～80分）　□差（70分以下）</td></tr>
<tr><td>奖励方案</td><td colspan="5">□不奖励　□资金　□提供进货折扣　□培训　□提高信用额度</td></tr>
<tr><td>待解决问题</td><td colspan="5">□销售能力　□客户忠诚度　□合作态度　□商业信用</td></tr>
</table>

我在操作景洪万芳堂这个小型连锁药店的过程中，第一个月产生了1万多元的货款，由于是实销实结客户，虽然谈到了首推，销量也提高了，但是还是担心其回款信誉不好。所以，在第三次、第四次补货的时候，将它的要求订货量减到了一半。

在实际操作中，刚好到月底的时候，按照药店的流程和约定的结款时间，货款准时到账。我在确定了该连锁药店的回款信誉后就放心地正常发货，每个月按照流程结款。

所以，我们在没有评估好客户的时候，不要一味地盲目发货，确定了回款信誉后再正常发货，因为发货只是销售工作的开始，只有收到货款才算完成工作。

第三节 客户的分类

做销售的人往往会提到“二八定律”，医药销售也存在这一现象：20%的客户产生了80%的销售，抓住重点客户能为销量提供保障。20%的客户是怎么来的？首先，我们了解一下目前零售药店存在的形式。

单体药店：指单独经营的药店门店。

组合药店：由多个药店门店组成，但没有获得连锁经营资质的药店。

区域连锁药店：主要在某地区开办的符合连锁药店资质的连锁药店，比如，武汉同济堂大药房。

全国性连锁药店：指在全国多个省区开办药店的连锁药店，比如，湖南老百姓大药房。

传统药店分类方法

终端依据销量、规模、客流量、位置和性质等因素可划为A、B、C三类终端，参考标准如下。

A类终端：

（1）医保药店，面积大（大于100平方米），在班店员多于6人，经营品种多且齐全。

（2）位于商业集中区、主干道两旁，客流量大。

（3）销量在当地平均销量以上。

（4）一般为大型个体药店、连锁药店的A类门店。

（5）老字号药店、大型百货商场、大卖场、大中型超市（连锁超市）的店中店。

北京天天好大药房就属于A类终端，根据其公开资料显示，天天好大药房位于北京市西城区白纸坊西街8号，成立于2005年1月8日，注册资本500万元，经营面积4000多平方米。商品品类涉及西药、中成药、中药饮片、参茸、医疗器械、计生用品、日化用品、化妆品、保健品、食品，以及与健康相关的其他产品与服务，种类达1.2万余种。周围的药店因为“天天好”的存在纷纷关门搬迁。

B类终端：介于A类和C类药店之间。

（1）医保药店，面积大于80平方米，在班店员多于3人，经营品种较齐全。

（2）位于较大的居民区内，客流量大。

（3）销量高于当地平均销量。

（4）一般为大中型药品超市，连锁药店重点门店。

（5）日流水额6000元以上。

C类终端：

（1）非医保药店，营业面积一般不足50平方米，多数只有1～2个店员，经营品种少。

（2）主要位于生活小区、市郊、工厂区、辅干道两旁，客流量少。

（3）销量在当地平均水平以下。

（4）一般为小型私人药店、个体诊所。

原则上，A类终端应少于当地终端总量的20%，B类终端不少于终端总量的50%。

根据终端销售产品的数量划分为大、中、小型终端，便于终端工作安排时有重有轻，提倡抓大带小。大终端要经常走访，保持优势；对有潜力的小终端多下功夫，使之尽快跨入大中型终端行列。

现代药店分类方法

随着医药零售行业的发展，按传统的药店分类划分药店的级别已不贴近现实，**我们应该根据客户与医药企业的合作程度划分药店的级别**。主要从两方面考察：一是销售额，二是合作意愿。销售额的多少主要是根据目前客户拿货额的平均值；合作意愿主要是指你和药店的客情关系，老板和店员愿不愿意卖你的货。我们用一张坐标图解释，如图 6－1 所示。

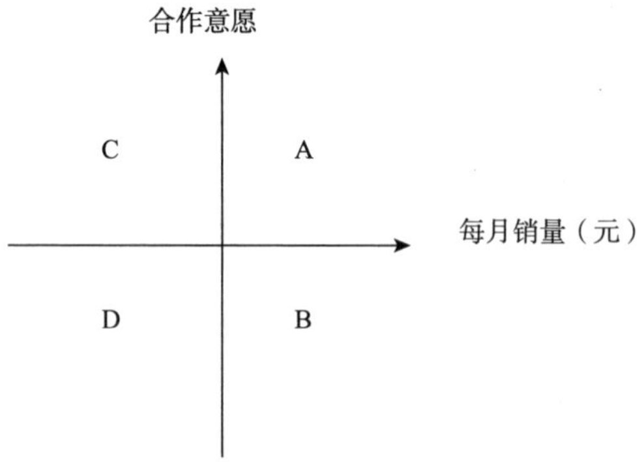

图 6－1　药店分类

A 类客户：每月从公司拿货 5000 元以上，产品为药店的首推品种。

B 类客户：每月从公司拿货 3000～5000 元，产品为药店的首推品种。

C 类客户：每月从公司拿货 1000～3000 元，产品为药店的

“二推”品种。

D 类客户：每月从公司拿货 1000 元以下，产品为药店的自然流品种。

维护目标：

A 类客户：保持有效的拜访率，每周不低于 1 次，加深客情关系，努力提升销量，每月进货额保持在 5000 元以上。

B 类客户：提高拜访频率，加强客情维护，帮助药店促销，发展为 A 类客户，使月进货额在 5000 元以上。

C 类客户：努力将产品提升为首推产品，加大客情维护力度，协助药店促销，发展成为 B 类客户，月进货额在 3000 元以上。

D 类客户：提高拜访频率，维护客情，找到销售中的问题，解决问题，提高销量，努力发展成为 C 类客户，月进货额在 1000 元以上。

第四节　终端客户的拜访线路和频率

拜访量是医药零售代表的生命线。销量的提升与拜访量成正比。因为销量的提升需要密切的客情关系，密切的客情关系需要合理的拜访量。有了合理的拜访量，你才能了解药店的实际情况和滞销的真实原因。

拜访线路的设计

为什么要安排拜访线路？

（1）确保拜访所有的客户。

（2）确保对每位客户的拜访频率达到既定的频率。

（3）节省时间和车费。

（4）让上司知道自己的行踪。

（5）便于每月回顾和分析工作重点及工作量。

线路拜访安排考虑的因素：

（1）客户分级。

（2）各级客户需要的拜访频率。

（3）每天的总拜访店数。

（4）拜访行程的次序安排。

如何制定拜访线路？

把自己的区域在地图上圈出来，标注好药店所在的地方，以主干道为界，把自己的区域分成 5 块，周一至周五，每天去一个地方，把所有的药店走一遍。在每周日晚上做周总结和下周计划时，填好下周的拜访计划表（如表 6－5 所示）。

表 6－5　零售代表每周拜访线路计划表

区域：　　　　　　零售代表姓名：　　　　　　拜访时间：

序号	周一（　）		周二（　）		周三（　）		周四（　）		周五（　）	
	店名	时间段	店名	时间段	店名	时间段	店名	时间段	店名	时间段
1										
2										
3										
4										
5										
6										
7										
8										
9										
10										

拜访频率的设计

乔·吉拉德说过："同一个客户很难拒绝你 6 次以上。"现在，我已经有两千多个客户，其中，80% 的客户是我主动拜访 3 次以上才合作的，拜访客户五六次合作的机会最大，而业务员在前两次放弃的居多。好的销售人员，在面对有需求的客户时，经常会遭受 3 次以上的拒绝，但是同一个客户很难拒绝你 6 次以上。

在医药零售终端的销售中有一个现象，新入职的业务员往往在前 3 个月的销售表现都还算令人满意，而**第 4 个月的时候就会**

遇到瓶颈——新客户开发不了，老客户无法后续进货。

我认为原因是，前3个月，业务员比较努力，在老业务员和销售经理的指导下能快速地开发新店，销售额自然也不会太少。这个过程中，业务员一味地重视新客户的开发，忽视现有客户的维护，导致药品动销慢，最后，容易开发的客户都开发了，老客户的动销不好、不补货。没有销量，业务员坚持不下去了，最后走人。根本原因在于对老客户的拜访不够。

如何制定客户的拜访频率？

（1）合作1年以上的客户：对A类客户每个月保持两次有效的拜访，遇到药店有突发情况，要在24小时内解决。对B类、C类、D类客户同以下拜访频率。

（2）合作不足1年的客户：A类客户每周拜访1～2次，B类客户每两周2～3次，C类客户每两周4～6次，D类客户每月4次。

销售人员拜访频率：新手每天10家次的拜访，老业务员每天7家次的拜访。越是新开发的客户，前期拜访越要频繁，主要是为了加强客情关系和及时发现销售中的问题，并帮助解决问题。

销售人员的感悟：**拜访次数说明了合作诚意，合作诚意决定了药店是否愿意和你合作和后续上量。**

我与零售代表拜访万年永清大药房时，药房肖经理说："你的业务员像卖保险一样，来我的药店四五次了，今天你们经理都来了，看样子不拿货都不行了。"后来发货流畅，新客户开发成功。

第五节　客情建设

客情是指合作双方建立起来的持久的、相互信赖的、具有商业价值和个人价值的双赢关系。为什么要进行客情建设？零售终端就是我们的资源，只有建设好并管理好客情关系，客情关系才能为我们创造财富。

客情建设的基本要素：

（1）客户的兴趣、爱好、最近的业务进展。

（2）知道客户的三个直系亲属或者恋人的情况，熟悉客户身边的人和事，知道客户最近的烦心事。

（3）知道客户的 3 个电话：办公电话、手机号码、家庭电话。

怎么进行客情建设？

首先，我们认识一下客情关系金字塔，如图 6－2 所示。

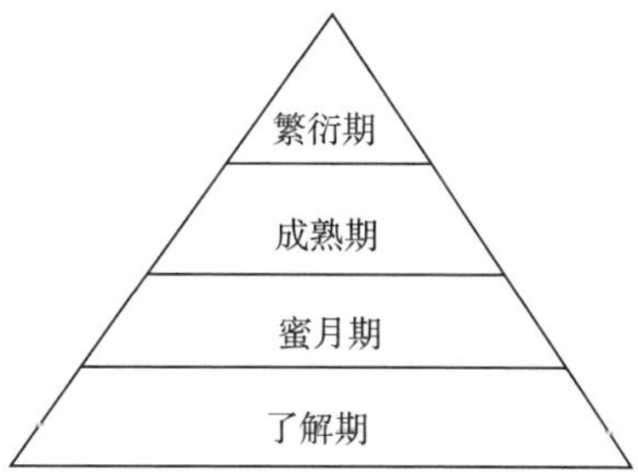

图 6－2　客情关系金字塔

（1）了解期

初次合作，彼此之间需要一个了解的过程。我们要做好以下工作：

掌握客户的家庭、职业、休闲、动机四个方面的信息。比如，同济堂安心店的李老板平时喜欢钓鱼，可以了解一些钓鱼的信息与其交流。

让客户记住你的名字或符号，做与众不同的零售代表。比如，在做业务员期间，但凡济民康泰大药房做活动，我都送洗洁精，以至于药店的人只要做活动就知道洗洁精是我送的。

给客户留下良好的印象，包括专业技能、品格、同情心和学识等方面。比如，我经常在药店拜访中给店员提供联合用药的案例，大家都很佩服我，觉得我的医药知识水平比较高，能给他们的销售带来帮助。

因为我在经历、感受、爱好方面有至少5处与客户一样，客户从“不知道我的名字的人”升级为“喜欢我的人”。比如，客户提到哪个景点，碰巧你也去过，可以和客户一起探讨旅游的感受。

赞美客户。比如，见到某店员卖药很有技巧时，可以说：“老师，您卖药真得很棒，我跑了这么多药店，很少见到卖药能有您这么高水平的人。您可以给我们的产品提点建议吗？”

（2）蜜月期

“交往”一段时间后，和客户的了解比较深了，这时进入了蜜月期。在蜜月期，我们要做好以下工作。

组织符合客户兴趣的休闲活动。比如，在春季安排大客户参加采摘活动等。

给客户一个惊喜。比如，免费赠送客户一些样品或试用装。

帮客户一个忙或解决一个问题。比如，有些产品客户进不到货，你利用自己的渠道帮客户拿到货。

每周在工作以外的时间给客户打一个电话。

赞美客户。

下面是我在蜜月期为某客户做的公关目标与策略表（如表6－6所示），供大家参考。

表6－6　公关目标与策略表

零售代表姓名：　　制定日期：　年　月　日　　目标药店所在地：××连锁总部

目标姓名	××	性别	男	年龄	35岁
职　位	采购经理	上班天数	每月20天	接待消费者	
外　表	职业装、整洁、干净				
为人处世	严肃、做事认真、谨慎				
性格特征	干练、语速较快				
工作环境	独立办公间，井井有条				
性格判断	偏外向				
业余爱好	投资、创业				
沟通原则	回迁房的投资				
礼品选择	武汉特产周黑鸭				
拜访地点	办公室会客厅				
拜访中遇到的困难	送礼时被其他人员看到 某产品的毛利点不够药店首推				
如何突破	事前预约并说明来意，将礼品用不透明的袋子装好，盖上报纸 强调公司产品的特殊性，寻求经理在讨论会上支持××产品				
关键语言	赞赏的寒暄。“××总，您现在负责北京、天津的采购业务，您这么年轻，能力真强！我很佩服！” 给礼品时的关心语言。“××总，夏天天气挺热的，您也累，昨天朋友从武汉带了周黑鸭，我带过来了，您配点啤酒消消暑。” 开放性问题。“我觉得您的3套回迁房这么处理比较好……”				

续表

拜访的准备及实施	礼品用不透明的袋子装好，盖上报纸 查询当地房产信息
费用预算	周黑鸭 50 元
拜访后目标	××产品成为连锁首推，由每月 80 盒上升至 200 盒
公关知识	基本信息：回迁房在南湖社区，3 室 1 厅（100 平方米）的出租价格为 3200 元/月，此地段的回迁房房价为 7500 元/平方米。目前，银行 1 年的定期存款利率为 3. 10% （1）从现行的银行利率来看，出租 1 年的收益为 38400 元，买房的收入为 750000 元，1 年定期收入为 23250 元，出租收益比 1 年定期利息多 15150 元 （2）从居民目前的财产处置心理来看，出租较为理想，安全性的考虑是首要的，求稳、获利 （3）从目前住房三级市场的交易规范性来看，出租较为合理 （4）根据家庭情况，急用钱，考虑出手；不急，出租增值
知识要点	哪种方式的收益高

附：医药零售代表客情关系测试问题。

（1）客户能第一时间叫出你的名字和产品吗？

（2）你了解客户的家庭、兴趣爱好、生日吗？

（3）客户给你手机号码、QQ 号了吗？

（4）你有给客户送过小礼品吗？

（5）客户接受你对他的关心并表示过感谢吗？

（6）你在工作时间外给客户打过电话吗？

（7）客户邀请过你参加他的活动或吃饭吗？

（8）客户能主动给你打电话要货吗？

（9）客户愿意把他的朋友介绍给你认识吗？

（10）客户是否邀请你帮他解决一些困难？

（11）客户有跟你提生活中的烦恼吗？

（3）成熟期

客户拿货趋于稳定，你对药店的销售情况和店员情况都比较清楚，和店员相处比较融洽，和个别店员的客情建设更为深厚。在成熟期，我们要做好以下工作：

给客户送点生活上的小礼物。

和客户一起吃饭、购物、学习。

找机会、创造机会到客户的住所坐坐。

找机会、创造机会见客户的直系亲属或者恋人。

让客户帮自己一个小忙。比如，领导检查客情关系做得怎么样，和我们随访的时候就让我们向药店的店员借50元，能借到就说明客情关系建设得不错。

让客户见见公司的领导。

精心策划一次营销活动。比如，给客户策划一个周年店庆或重大节日的药店促销活动。

（4）繁衍期

在繁衍期，我们要做好以下工作。

利用生日、节日、重大事件给客户办一个小型聚会。

邀请客户参加公司活动。比如，公司的年会或周年庆。

让客户把他的朋友介绍给自己。比如，让客户把关系好的朋友的药店推荐给你。

给客户提供更有效的合作方案。比如，年度进货奖励、优化合作方案，使双方合作利益最大化。

给客户提供对学习、晋升有帮助的资源。比如，提供药店经营的相关培训。有部分厂家现在提供金牌店长打造服务，有效利用药店会员的培训等。

小知识1：老客户的价值

（1）发展一个新客户的成本是挽留一个老客户成本的3～10倍。

（2）向新客户推销产品的成功率只有15%，而向现有客户推广产品的概率是50%。

（3）如果将每天的客户关系保持率增长5%，则利润增长25%～85%。

（4）40%的新客户来自现有客户的推荐，20%的客户带来80%的利润。

小知识2：客户为什么离我而去

得不到想要的，往往同价格没有太大关系，更深层次的原因是：

（1）45%的客户离开是因为“服务”。

（2）20%的客户离开是因为没人关心他们。

某药店老板提到不愿意和某厂家合作的原因是，某产品在旺季到来时销量不错，跟零售代表要货，零售代表说：“要么送100盒，要么就不送，药店太远，送了又不赚钱，过几天再送。”结果，过了一周，零售代表才和药店联系送药，老板表示暂时不需要了，等通知再送。结果，老板和该零售代表合作的所有产品都不再做了，老板认为这个零售代表不尊重人。

（3）15%的客户离开是因为他们发现了更好的产品。

（4）15%的客户离开是因为他们发现了更便宜的价格。

（5）5%的客户离开源于其他原因。

某日和药店老板聊天，他谈到对某厂家的零售代表很反感，不想和他合作了。原因在于，每次零售代表送货的时候，总是喜欢在没有经过药店老板允许的情况下多送货。药店老板认为该零售代表不实在，每次多送一些药，总是说卖得出去，可是不经过老板的同意，老板觉得零售代表在耍小聪明。

第七章

销售管理

我们在前面几章已经讲了销售中谈判和客情维护的基本知识，最终是为了实现销售。本章的主要内容是销售管理，包括订单管理、货款管理和自我管理。

第一节　订单管理

订单管理是客户关系管理的有效延伸，能更好地把个性化、差异化的服务有机地融入客户管理中，能推动经济效益和客户满意度的提升。

对医药零售行业来说，只有通过完成销售订单管理的有关工作，如销售订单管理、销售订单跟踪等，才能了解企业的实际销售情况，掌控各个客户的销售业绩、各种销售情况统计报表等信息。

订单管理的主要目标是为了将药品及时送到终端零售药店，防止断货现象的发生。对供货商来说，缺货一天就相当于减少了一天的销量，如果供货商将缺货率降低 2%，就意味着将提升 2% 的销量。销量的提升意味着零售药店将会考虑增加此类药品的正常货架的陈列空间。

如何做好订单管理

（一）熟悉自己区域内药店的经营情况

了解药店的销售特征、产品结构及销量、陈列数量和库存数量等情况，了解自己区域内的药店整体情况，包括未合作客户和老客户的相关信息。比如，某药店 12 月进货后已经连续 2 个月没有拿货了，要及时与药店沟通，寻求解决药店销售问题的方案。

（二）了解公司该月可供药品的规格、数量

了解公司最新的促销方案，特别是详细了解紧俏药品和经常

出现断货药品的到货时间、可供数量及限量情况，以及把握季节的变化、节假日的变化等因素对药品的品类销售的影响等，力求收集订单的针对性、准确性。

（三）通过公司系统查阅客户近3个月的历史进货情况

了解市场的动态和库存信息情况，结合公司的营销策略，实事求是地预测自己区域内各药店的需求量，尽可能提供比较准确的订单。

（四）了解预测订单与实际情况不符的原因

预测订单不可能与客户的订单完全相符，我们要与客户做充分的沟通，了解历史上卖得比较好的品种，这一时段为什么不进货或为什么大量进货。不管是卖得好还是卖得不好，都要找出原因，以便及时修订订单，真实反映销售动态和提醒公司相关产品的管理工作。

订单管理的几个步骤

（一）订单收集

指医药零售代表通过查阅库存后向客户提出订单的要求，客户报计划或者接到客户的订单需求。这个环节的重要工作是了解客户产品的销售情况和库存情况后向客户提出推荐产品和采购数量的要求。

（二）订单处理

将收集到的订单信息根据合作方式，及时签订购销合同，并按照公司流程及时发货。

（三）订单跟踪

跟踪药品有没有在约定的时间内送到零售药店，查看有没有出现客户订单里的产品缺货等现象。

（四）完成订单

药品按购药合同的规定时间送达，确定货款的回收方式。

第二节　货款管理

行业里流传一句话："销售代表的工作目标是把货卖出去，把钱收回来。"只有收回货款，销售工作才算真正完成。

销售货款的管理是为了充分提高资金的使用效率，加快资金周转速度，降低资金风险，减少呆账、死账。

如何管理好货款

（一）选择好铺货的客户

产品的铺货率提高，会增加产品的销售机会，但应收账款和经营风险同时增加。如果降低铺货率，经营风险会降低，但达不到规模销售的目标。所以，**正确、合理地解决产品铺货率的问题，对降低应收账款风险、保证货款安全性是有帮助的。**

因此，我们应该根据产品的不同时期或不同的产品及推广力度的强弱，采取不同的铺货方式。在终端选择上，我们可以根据其他厂家的合作情况和多次拜访对药店的经营情况的了解，评估这家药店能否采取铺货的方式。

（二）签订销售协议，确定货款结算方式

许多医药零售代表经常会有这种心理：如果在向客户推荐产品的时候，把付款方式开门见山地说出来，客户很可能因为付款条件不好而不愿意合作。很多医药零售代表在进行产品推广时，并没有把货款支付方式作为一项重要的沟通内容与客户讨论，甚至在这个问题上有意地模糊或回避。

其实，大可不必这样做。第一，事先说明，显示自己以诚待人的合作态度；第二，提前沟通和约定可以减少后期业务拜访过程中的麻烦。

较高的货款支付条件可能会让客户放弃合作，但总比把货供给了客户，他再以货款结算标准和方式有异议拒绝付款强。因此，零售代表在与客户沟通之初就要签订《购销协议》等具有法律效力的文书，详细地对货款结算方式做出规定和说明，尤其是供货价格（是否含税）、结算方式（现款现货、批结、月结等）、具体结算时间和流程（每月对账时间，需要哪些人签字审核等）。

如果是业务往来比较频繁，结款方式应注明规则：是现款现货，“送二结一”，批结、月结，还是实销实结。货款是以支票、对公转账，还是以现金、承兑汇票的方式支付。

小知识

结款方式：

现款现货：也就是我们常说的现款，药品送到药店即付款。

“送二结一”：送第二批货的时候结清第一笔货款。

批结：第一笔款不结，以后每送一批货结一次款，不合作时可以结清。

月结：每月月初或月末在约定的时间结清上一个月或本月的所有产品货款，与动销情况无关。

实销实结：每月在约定的时间对账，根据月实际销量结款。

付款方式：

现金：到日期直接领取现金。

对公转账：客户直接把货款转账到公司的账户上，你需要给客户提供开户行等信息。

支票：是出票人（客户）签发，委托办理支票存款业务的银行或者其他金融机构在见票时无条件支付确定的金额给收款人或持票人的票据。

承兑汇票：银行承兑汇票是指由在承兑银行开立存款账户的存款人（客户）签发，向开户银行申请并经银行审查同意承兑的，保证在指定日期无条件支付确定的金额给收款人或持票人的远期汇票。

（三）及时关注药品的动销情况

药品的动销情况直接影响结款。我一般会及时关注铺货药店的销售情况，若在规定的时间（一般是 2 ~ 3 个月）不能形成有效的动销，就直接清货退场，货款两清。

（四）及时跟进货款的结算日期和流程

每个药店都有自己的结款日期，连锁药店更是如此。在业务谈判时就要确认结款方式和流程，比如，×月×日找谁对账、×月×日送税票给谁、×月×日找谁拿货款等。

某连锁药店结款流程：

（1）凭委托书、身份证、一寸照片和购销合同在采购助理处办理结算卡。

（2）每月 5 号凭结算卡和药店验收入库单找采购经理核查纯销数量和库存量，采购经理注明结款意见。

（3）根据采购经理同意结款的验收入库单开具增值税专用发票，并在每月15日交给药店财务，上交采购经理同意结款的验收入库单，填写领款单。

（4）药店每月最后两个工作日对公打款。

货款催收技巧

（一）做好统计，心中有数

如果零售代表不清楚自己的应收账款的明细，收回账款的可能性也不大。我们要做好以下工作：

（1）做好送货记录。明确在×月×日给哪个客户送了多少规格的药品，合计金额是多少，约定的付款日期是×日。

（2）做好货款分类。按照货款回收的金额和回收的时间及可能性，将货款分为未收款、催收款、准呆账、呆账、死账等，对不同的类别用不同的催款力度。

（3）做好催收计划。按照催收的时间、金额和类别，合理地制订每个月的货款催收计划，在约定的日期按计划和流程催收货款。

（二）言信行果，按说好的办

零售代表在货款管理方面有些误区，常常顾念情面而对客户延期付款的要求做出退让，导致货款在多次催收之下仍没有结果。所以，零售代表应该坚持公司的业务规定，结算每笔货款时，都按谈判时说好的货款结算方式办，按说好的办。

零售代表要让客户形成一个可感知的结款习惯。在拜访客户的过程中，每隔一段时间提醒客户，让他记住哪笔货款没有结、一共多少钱、还有多长时间要付款。让客户留下“这个公司的货款不能拖欠"的印象，这样一来，催收货款的工作就轻松多了。

（三）不卑不亢，张弛有度

部分零售代表认为，向客户追讨货款是求别人办事，在与客户交涉的过程中没有底气，让客户觉得好欺负，以各种理由刁难、拒绝付款。因此，在追收货款的时候，摆正心态非常重要。

（1）理直气壮、义正词严地说明来意。比如，"李经理，按照约定，我今天过来结货款。"让客户明白，这次来不是要求客户进货，而是客户该付货款了，而且这笔款今天非付不可。

（2）在理解客户难处的时候，也让客户理解自己的难处。

有时候，客户会说："您看，现在生意不好做，资金周转不灵，能不能缓几天再结?"对于客户的这种借口，我们首先表示"理解"，在表示"理解"的同时，我们也要说说自己的难处："约定的结款日期是今天，如果今天不能结款，领导会认为我办事不力，会被'炒鱿鱼'。公司因为货款的事已经几个月没有给我发奖金了，我也不容易，这次能不能拿到奖金就看您这边的款能不能及时回了。"在诉说的时候，表情要严肃，力争动之以情。

（3）表明非结不可的态度的同时，做到有礼有节。在结款流程的每个细节上对每个签字的人都要有礼貌，感谢别人对自己工作的支持，以免其下次故意刁难你。

（四）细心观察，掌握情报

有时候，客户以各种理由不付款，比如，负责人不在、账上没钱，刚给某厂家结完、没有到付款日期、产品没有卖完或者动销情况不好等。这就要求零售代表在平日的拜访中用心观察，及时掌握与结款有关的动态信息，辨别客户借口的真伪。在平日的拜访中，我们要做好以下工作：

（1）弄清楚客户的结款时间是固定的还是非固定的，结款是现金还是转账，结款人的上班时间是怎么安排的，有没有对账等结款流程。

（2）要与药店的某一个店员有一定的客情关系，让他给自己提供一些信息。比如，负责人在不在，来结款的人多不多，最近的销售情况怎么样，等等。

（3）关注产品的销售动态。在结款周期内，产品的销售情况怎么样、产品销售了多少、回款额有多少、库存有多少、达到销售协议的付款条件没有，这些都要关注了解。如果产品的销售情况确实不好，要出台相应的解决方案，因为产品的实际销量才是结款最有利的依据。

（五）巧妙施压，停止供货

在结款时，我们除了要按合同、按约定外，还要巧妙施压，防止客户延期付款或者减少支付金额，从而达到按时足额回款的目标。

（1）将订单计划化整为零，多批次、少品种、少量地给客户供货。比如，客户一次要 10 件药品，你只给他送 5 件，有意让他处于“饥渴”状态。

（2）终止相关促销政策。对于付款不及时的客户，除了调整供货价格外，还可以终止促销礼品、年终返利和奖励的促销政策。

（3）优势品种不再供货。每个公司都有一两个优势品种，如果客户不及时足额回款，可以停止畅销品种的发货并要求其回款。

（4）前款不结，后货不发。停止一切药品的供货，直到结清货款，甚至可以清货退场，不再与之有业务往来。

第三节　自我管理

在销售管理中讲自我管理的一个重要原因是，在销售的过程中，我们会遇到这样或那样的问题，除了寻求公司帮助解决外，也要从自我管理出发，达到解决问题、提高销量的目的。本节内容主要包括三个方面：时间管理、目标管理、情绪管理。

时间管理

（一）现在的你，有以下现象吗

（1）每天超负荷工作或超时间工作，每天工作 12 ~ 14 个小时，一个月也休息不了几天。

（2）现在的工作需要大量的个人精力维持，一直疲于应付各类客户的各种需求。

（3）工作时间长，但又相当零碎，正常的工作安排常受各种意外情况的干扰而被打乱。

（4）双脚如同踩在“风火轮”上，每天应付大量的突发情况，而且很多不该自己管的事情也要去处理，成了“救火队长”。

（5）无法顾及长期的工作目标。

（6）拜访客户时常常在漫长的等待中浪费时间。

（7）经常变更工作的优先顺序。

（8）过分注重眼前工作。

（9）交通拥堵。

这是零售代表工作的真实写照，也是缺乏时间管理的典型。

时间管理是指在一定的时间内把所有工作做完、做好，而且做正确，也就是利用有限的时间使成果最大化。时间是独特的资源，需要分析与计划，才能获利。时间管理的原则不仅体现在时间的分配上，还体现在时间的获利上。时间管理有利于增强时间的工作绩效，需要有破除旧习的勇气和毅力。

下面我们来审视一下自己的时间安排。

（1）你每天有没有工作计划和目标？

（2）你每天有没有按照设定的拜访线路行走？

（3）你有没有在数周前开始考虑本月的工作计划？

（4）你有没有从现有的“小客户”中挖掘有潜力的客户？

（5）每次拜访后有没有后续跟进的方案？

（6）你对客户档案有良好的管理吗？

（7）你是否每天清晨清楚地列举出今天要办的3件重要的事情和3件紧急的事情？

（8）你每天晚上能明确地说出今天的工作成绩吗？

（9）你每天汇报工作是急切地汇报还是将它变为工作回顾？

（二）具体的时间管理的办法

1. 有计划地工作

关于计划，时间管理的重点是制订好待办单、日计划、周计划、月计划。

待办单：将每日要做的工作一一列举出来，排出优先次序，确认完成时间，以突出工作重点，避免遗忘，未完成事项留待明日做。

待办单的主要内容包括非日常工作、特殊事项、行动计划中的工作、昨日未完成的工作等。

待办单使用注意事项：每天晚上睡觉前做好，只做一份待办单，完成一份工作划掉一项，待办单要为紧急事情留出时间，最关键的一项——每天坚持。

每年年末做下一年度的工作计划，每季度末做下一季度的计划，每月月末做下月的计划，每周末做下周的计划。

2. 有效的时间管理

有效的时间管理主要是记录自己的时间，认清时间耗在什么地方；管理自己的时间；集中时间，使零散时间成为连续性的时间段。

3. 时间 ABC 分类法

将自己的工作按照轻重缓急分为 A（紧急重要）、B（次要）、C（一般）三类；安排各项工作的优先顺序；粗略估计各项工作的时间和所占百分比；在工作中记载实际消耗的时间；每日的工作计划与实际的对比，分析时间的运用效率；重新安排或调整自己的时间，更有效地工作。

4. 零售代表时间管理的重点和要点

时间管理的重点是把时间花在能帮助我们成功的事情上。根据“二八定律”，20% 的药店创造了 80% 的销售额，在自己的区域内确定哪些是重点药店，哪些是具有挖掘潜力的药店，选出愿意主动卖你的药品的关键人，然后在这些重点和有潜力的药店身上花更多的精力。

（三）时间管理的要点

找出时间不够用的原因，试着回答下面的问题。

（1）每天的工作从什么时候开始？如果每天的工作从中午或下午开始，你的时间肯定是不够用的。

（2）平均每天工作多长时间？如果每天的工作时间只有4～5个小时，你的时间够用吗？

（3）平均每天拜访多少客户？如果你每天拜访3～5个客户，这可不是满意的答案。

（4）与客户的交流存在障碍吗？如果与客户的交流存在障碍，你花了多少时间而且没有效果？

（5）每天用于总结工作与做下一步工作计划的时间有多少？如果不做工作总结与计划，你未来的时间肯定也是不够用的。

（6）对产品知识的掌握程度如何？对产品知识掌握得不好，又怎么能与客户有高效率的交流？

（7）每天是不是做了太多无意义的事情？不要花过多的时间在无意义的事情上。

找到管理时间的诀窍。

（1）了解零售代表的工作内容，明确自己的工作职责。

（2）了解你的任务和工作目标。

（3）避免不必要、重复、低效的工作。

（4）拜访前预约，不同客户的拜访工作可以交叉进行。

（5）用好自己的日程表和工作计划。

（6）在处理耗时且重要的工作时，要耐心、细致。

（7）不要浪费零碎的时间。

（8）给各项工作设定最后的期限。

（9）守时。时间告诉我们，如果你不尊重别人，就不要指望别人尊重你。零售代表如果不守时，就没有影响力或者道德力量，就无法获得药店经理、店长和店员的好评。

目标管理

目标管理是现代管理科学中一个比较成熟的管理手段，目标管理的意义在于帮助我们系统地朝着既定的目标前进。对零售代表来说，通过订立一些目标并时常提醒、激励自己，也是自我管理的有效方法。

（一）目标管理的种类

根据不同的出发点，目标可以分为个人和家庭目标、职业生涯和财务目标、个人发展和专业发展目标等。

个人和家庭目标是生活的诱因。个人是家庭的一分子，家庭是社会的基本组成单元，一个人能够对自己和家庭负责，本身也是对社会的贡献。

职业生涯和财务目标是生存与发展的手段。

个人发展与专业发展目标是人生的成果。

（二）目标的设定

零售代表设定个人目标时，可以参考以下步骤。

（1）拟出希望达到的目标。比如，本月结束的时候完成 10 万元的药品销售额。

（2）列出达到目标的好处。比如，完成 10 万元的药品销售额，可以拿到 1 万元的提成。

（3）列出实现目标过程中可能遇到的障碍。比如，公司现有产品的品牌度不够，市场没有培育起来，竞争产品很多。

（4）列出达到目标需要的信息和资料。比如，了解客户的习惯，客情关系维护得好不好，竞争产品最近的促销活动。

（5）列出可以利用的各项资源。比如，公司制订了促销奖励计划。

（6）制订具体的行动计划，行动计划要尽量详细。

（7）明确达到目标的期限，比如，一个月。

（8）可以将行动计划制成表格，放在显眼的位置，实时督促自己。

注意：各位零售代表在设定目标时，要遵守 SMART 原则，即明确性、可衡量性、可达成性、相关性、时限性。

（三）目标管理成功的关键

（1）必须有毅力、有恒心，锲而不舍，百折不挠。

（2）善待自己。完成阶段性工作，给予自己一定的奖励。

（3）张弛有度，劳逸结合。

（4）在做任何事情之前，先做详细的规划和设计。

（5）分清可控因素和不可控因素。

情绪管理

作为一名医药零售代表，遭到客户的拒绝是家常便饭，太多的零售代表有这样的经历，在一个客户的身上花了大量的时间和精力，做了许多工作，最后没有合作。零售代表在日常工作中遇到挫折是再平常不过的事情了。

（一）学会调节自己的情绪

一般来说，一个人的目标越高，越好强、上进，就越容易感受到挫折。挫折会造成心理上的负面反应，受到多次挫折后，人的自信心就会受到严重的打击，并有可能出现焦虑的情绪。那么，我们应该如何看待工作中的挫折？我们需要从以下几个方面管理情绪，调整个人的情绪。

1. 正视工作中的困难和挫折

正确看待日常工作中的拒绝、冷漠、敷衍，甚至是不尊重你的行为，这些困难和挫折是正常现象。每个零售代表初期都会遇到这样的困难和挫折。公司的老业务员、主管、经理，也会经历这些事情。这些困难和挫折是可以改变的，随着拜访的深入，药店经理和店员会渐渐地消除敌对的情绪，以后的工作也会容易开展。所以，当你被这些负面情绪影响时，你可以劝慰自己：不要放在心上，是他们的素质不高，我一定会拿下这家药店的。

2. 改变容易产生负面情绪的行为

有些零售代表说话比较快，不妨降低自己说话的速度，使自己说话层次分明、语句连贯，不要恨不得一句话把事情说完，注意语气要平和。不要总是提高音量试图引起别人的注意，当对方谈话时，注意力要集中，把话听清楚并积极思考，理解对方的真实意图。

3. 创造放松情绪的环境

工作只是生活的一部分，不要将工作的不良情绪带到生活中，这就太不值得了。下班以后或者在空闲的时候，试着自我放松，让自己的身心得到休息。比如，晚上可以做一顿丰盛的晚餐，和家人聊聊今天工作中遇到的有趣的事情，或者看看书，也可以在周末看看体育赛事。总之，丰富自己的生活，分散对负面情绪的注意力，提高生活的乐趣。

4. 培养幽默感，保持良好的工作心情

在压力负担沉重的情况下，比如，与他人发生尖锐的矛盾，幽默感可以化解彼此之间的对立，避免发生冲突。平时可以看一些笑话、综艺节目、喜剧电影培养自己的幽默感，幽默感是一剂良好的润滑剂，可以拉近双方的距离。幽默感既是与他人沟通的工具，也是调节自我情绪的重要手段。

（二）自我激励

每个零售代表都想获得成功，都希望达成自己的目标，获得更高的收入，提升职位，得到别人的认可和赞扬。可这一切不是一蹴而就的，需要时间和个人工作经验的积累，我们在生活中如何自我激励呢？

1. 给自己一个座右铭

比如，最大的对手是自己，战胜了自己就是战胜了整个世界。

2. 以公司的优秀零售代表或领导为榜样

榜样的力量是无穷的，当自己受到挫折的时候，看看身边的优秀代表，他们是怎么度过的，他们的成功路上也少不了这些挫折。

3. 看名人传记或励志书籍

成功学、励志书籍和人物传记可以给我们一丝安慰。

4. 参加培训或看培训视频

在有能力和机会的情况下多参加培训，没有条件的可以借助网络提高自己应对挫折的能力。

第八章
药品零售终端的促销

药品促销是药品销售中的重要环节之一，开展药品促销活动的形式多种多样，但归纳起来也就是“推”、“拉”消费者购买药品。本章将对药品促销的不同对象和采取的不同方式进行讲解。

第一节　医药企业对零售药店的促销

商业推广会

商业推广会一般是指医药企业充分利用商业客户的网络关系，以会议的方式，将产品导入药店、诊所或其他商业客户的方法。它主要有导入药店或诊所型、商业平调型等形式。

（一）会前的准备工作

（1）与医药商业客户的经理协商，确定会议类型，并根据会议类型确定邀请对象。

（2）确定会议规模，成立会务组，选择会场，发出邀请函。邀请函的制作可决定到会人员的多少及开会时拿货的准备状态。一般的医药企业和商业企业在开会时只将开会时间、地点、产品告知邀请对象，这种情况下邀请对象在开会前准备状态较差。有的企业在产品的邀请函中注明了许多东西：时间、地点、公司简介、产品简介、推广会的内容及程序、订货单及政策、广告播放情况、服务承诺等。相比之下，这种邀请函的效果特别好，曾经有一家药厂在推广会之初就接到了与会代表送来的订单。

（3）医药企业代表必须在开会前将货发至医药商业客户处。

（4）原则上，会务费由医药企业出，但也可协商解决。

（5）制定商业业务员奖励政策及客户进货让利政策，调动他们的积极性。

（二）会场布置

（1）会议地点一般是宾馆、客户会议室等。

（2）会议的主席台上方悬挂产品推广会的横幅，并标明商业客户名称和医药企业名称，会场门口置欢迎板、台卡、陈列样品及宣传品。

（3）医药企业备齐资料，商业公司备好发票。

（4）主席台上可设置抽奖箱，放置奖品。

（三）会议内容

（1）会议签到，发放饮料、宣传册、价目表、小礼品、会议程序表等。

（2）会议由商业公司经理主持，由医药企业最高级别代表介绍企业的宗旨、理念、目标、发展战略、产品销售形势等，由产品经理或当地权威的医生介绍产品情况、使用情况，增强到会代表订货的信心。

（3）组织抢答赛，激活气氛。

（4）医药企业的零售代表和商业客户的零售代表要积极宣传、拿订单，对一些重要客户，晚上也须加强订货会的公关。

（5）抽奖及兑奖可放在活动的最后（订货基本完成）进行。

（四）注意事项

（1）零售代表与商业客户在会后须马上清理订单，将订单客户分类。对于订货量大的客户须加强跟踪服务，对于订货量小的客户也可以用信函、电话加强联络，确保销售的良性循环。

（2）会后及时兑现对商业客户业务员的承诺，调动其送货、收款、服务的积极性。

（3）调整客户货源、库存，并加紧收款工作。

（五）各类商业推广会的侧重点

（1）药店或诊所型：一般应选择大中城市，在当地市场投放广告后，或者在大中型医院销售较好的情况下，通过商业推广会打开市场。同时，也可利用日用消费品助销理念，招聘零售代表做市场。

（2）商业平调型：关键在于控制价格防止窜货。企业应尽量将药品往开发较差的地区调拨，并加强售后服务。

进货奖励

（一）赠送药品

药店拿指定产品的金额达到一定的额度，赠送多少盒其他产品。这个活动的策划在事前一定要制定好价格和数量，核算后再进行推广。如某大型企业曾做过进货额达5000元，赠送100盒感冒药的活动。

（二）赠送礼品

药店拿指定产品的金额达到一定的额度，赠送洗衣液、电风扇、笔记本电脑、手表等。如某医药公司曾做过进货额达1500元，赠送5瓶某品牌洗衣液的活动。

（三）赠送旅游

药店拿指定产品的金额达到一定的额度，赠送旅游一次。某大型企业曾做过拿货满5000元，到某著名旅游景区玩3天的活动。

（四）管理服务

医药企业请专业的咨询公司对药店的管理给予指导，比如，金牌店长的打造、如何做好会员管理、如何做好陈列、如何合理推荐药品等咨询和指导，帮助药店盈利。

形式多种多样，目的是让产品进入药店的仓库、填满客户的仓库，不给其他竞争对手留下空间。我曾见到，药店老板直接打开仓库让其他医药企业代表看，仓库都满了，怎么进你的货？肚子只有这么大，多吃我们的，就要少吃别人的。

第二节 零售药店对消费者的促销

日常促销

（一）卖点促销

药店店员或产品促销员以发放资料或现场讲解的方式，对药品的独特卖点进行介绍。卖点可以是剂型、功效，也可以是成分、价格，以吸引消费者。消费者获得相关信息后，必然将该产品与同类产品进行综合比较，如果该药品确有优势，消费者自然会毫不犹豫地选择购买。

（二）服务促销

聘请有许可证的医务人员，在店堂内进行义诊。让进店的目标消费者在药店免费挂号，就能得到医生的诊治。患者在明确自身病症的情况下，结合医生的指导，再去选购对症药品。一方面，可以使患者安全对症用药；另一方面，可以降低患者的用药成本，因而深受消费者的欢迎。

（三）利诱促销

利诱促销是指在消费者以正常的价格获得药品时，又额外免费获得药品或其他物品，这样做会让消费者感到此次购买活动物超所值。这种促销方式以配发赠品、派送礼物两种方式为主。比如，某厂家曾开展购买指定药品赠送一袋湿巾的活动。

（四）会员积分

这种方式几乎是所有药店都在做的事情，年底会员积分兑换礼品，吸引周边的居民长期购买药品。会员积分的长期与稳定作用还是依靠良好的药事服务。

当然，零售药店也可以根据自己的实际情况，采取一些日常的促销手段，如现金折扣、增值服务（满一定金额，一个月内免费测血压、血糖等）、赠送代金券等。

特殊促销

（一）促销员促销

促销员就是厂家安排在药店专门促销某厂家产品的店员。在药店安排厂家促销员时要注意，进入药店的产品要丰富，促销员和药店店员之间的关系要处理恰当，因为两者都拿销售提成，会出现争抢消费者的不和谐现象，这个要处理好。我曾见到促销员与药店店员为争消费者大打出手，最后为了避免这种情况，就排队接待消费者。

（二）仪器促销

一般是厂家借助仪器对患者的身体情况进行测试，然后推荐用药。推销钙制品或者营养品时这种方式比较常见。一般是测出患者缺乏某矿物质，然后推荐他使用某方面的保健品预防这方面的疾病。比如，劲得钙厂家曾在北京长期做这个活动。

专题促销

专题促销是指药店利用节假日、会员日或者特殊的营销事件开展的促销活动。一般是药店自己策划组织，现在也有医药企业和药店合作，共同策划营销活动。

活动主题：买1元送1个鸡蛋。

活动地点：某大药房。

活动时间：6月9日至6月11日。

活动细则：

(1) 每天早上8点，进入药店的前10名消费者赠送20个鸡蛋。

(2) 每天中午12点、下午7点凭购药小票，凡购买药品满128元的消费者可参加抽奖活动：一等奖饮水机1台；二等奖食用油1壶；三等奖卫生纸1提；纪念奖若干，面盆1个。

(3) 凡购买某厂家的药品，满1元赠送1个鸡蛋，其他厂家的产品，满2元赠送1个鸡蛋，不需要鸡蛋的消费者可按以下方案兑换其他礼品。

8个鸡蛋兑换草珊瑚牙洁素1支；

16个鸡蛋兑换拖鞋1双；

25个鸡蛋兑换黑猫洗洁精（1.5kg）1瓶；

40个鸡蛋兑换维达卫生纸1提（12卷）；

70个鸡蛋兑换半球电水壶1个；

220个鸡蛋兑换躺椅1把；

300个鸡蛋兑换钻石电风扇1台；

420个鸡蛋兑换红双喜电压力锅1个。

第三节 终端促销“拉”的手段

医药企业“拉”的手段

医药企业“拉”的手段是指医药企业通过一些形式广告，将客户吸引到药店购买相应的产品。常见的医药企业“拉”的手段有：

（1）电视广告。在电视台做广告，根据我国法律规定，只有非处方药才能在公众媒体上做广告。比如，修正肺宁颗粒、葵花小儿氨酚黄那敏颗粒等。

（2）报纸广告。在报纸上打广告，比如，太极的藿香正气水等。

（3）车身广告。在公交车或地铁等交通工具上做广告，比如，力度伸、云南白药气雾剂等。

（4）广播广告。在电台做广告，比如，清火养元胶囊。

（5）楼宇广告。在一些高档写字楼的电梯或者高档生活区的电梯里张贴产品广告，比如，清火养元胶囊等。

（6）电视剧植入广告和赞助综艺节目。比如，羚锐制药在《乡村爱情圆舞曲》中植入广告，999 感冒灵颗粒赞助《爸爸去哪儿》。

（7）其他手段，比如，户外灯箱、外墙广告等。

药店“拉”的手段

（一）集中化陈列

它是把同一种药品集中陈列在一个地方。集中化陈列的最佳位置是货架黄金陈列线，黄金陈列线的高度一般为 135 ~ 165 厘米，它是货架的第二层，是人眼最易看到、最易拿取商品的陈列位置，所以是最佳陈列位置。如图 8 - 1 所示。

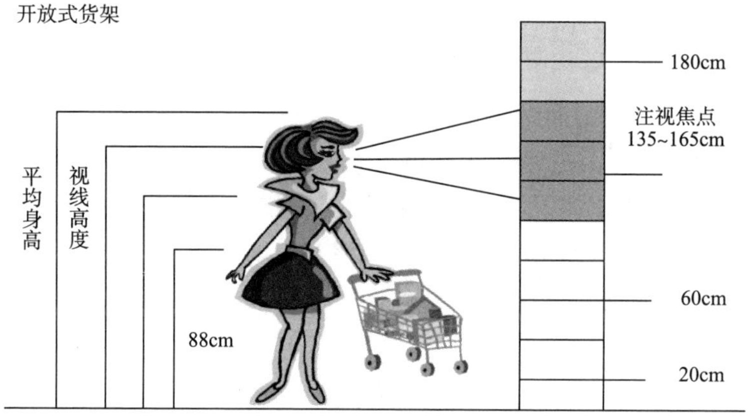

图 8 - 1　集中化陈列示意图

（二）生动陈列展示

它是指将药品的展示盒做成生动形象的造型。比如，房子、坦克、飞机等，让消费者进入药店后能第一时间熟知此药，达到宣传推广的作用。如图 8 - 2 所示。

图 8 - 2　生动陈列展示图

（三）药店 POP 张贴（包括手绘 POP 的悬挂）

POP 作为药品宣传的重要部分，如何张贴才能取得好的效果？（如图 8－3 所示）

POP 陈列要求：

（1）海报、吊旗、POP、分类表示牌等悬挂必须端正，不能歪斜，天花板吊旗的纵排与横排的间距必须在 80 厘米以上，保持纵向整齐悬挂。

（2）橱窗顶端悬挂或张贴的吊旗，间距在 10 厘米左右，一字排开。

（3）POP 应该张贴在橱窗里或能用支架悬挂，但不能挡住药品。

（4）张贴时应用小卷透明胶粘住 POP 的四个角，长度不超过 4 厘米，应避开玻璃上的彩条。

图 8－3　POP 张贴

手绘 POP（如图 8－4 所示）的要求：

（1）每张 POP 不能有超过两个药品的信息，张贴在透明玻璃上的 POP 两面都要有药品信息。

（2）内容简洁、明了，主题突出。

（3）字体端正、清晰，忌字体潦草，每张 POP 最好不超过 3 种颜色。

图 8－4　手绘 POP

（四）大包装盒放置

大包装盒放在店内货柜上方，也可以吊于天花板上。A、B 类终端要求 5 个以上，C 类终端要求 2 个以上，大型药品超市要求 50 个以上，尽量多放。如图 8 -5 所示。

图 8 -5　大包装盒

（五）产品展示架展示

一般放在收银台，上面展示空盒和产品小手册，如图 8 -6 所示。

图 8 -6　产品展示架

（六）小手册和印刷资料发放

一般摆放在货架上（产品旁边）、门口台面上或者收银台处。

（七）门上推拉贴张贴

门上推拉贴（如图 8－7 所示）在把手上端，推拉整齐、不歪斜，高度适中；有“推”必有“拉”，门门必贴，确保形成“一道风景线”。

图 8－7　门上推拉贴

（八）门帘产品贴宣传

在门帘上粘贴产品宣传资料，如图 8－8 所示。

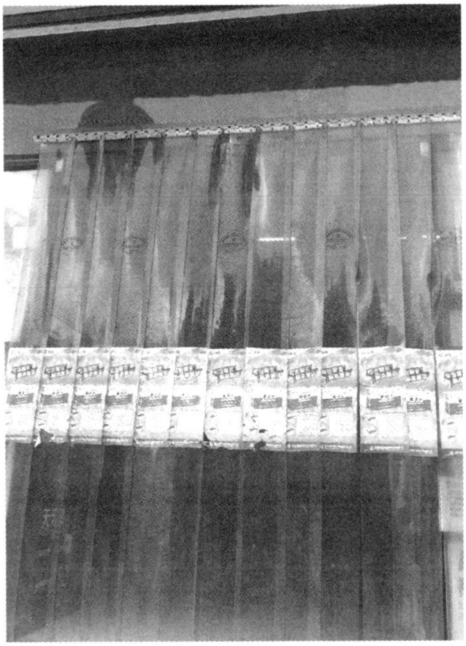

图 8-8 门帘产品贴

（九）温馨提示贴友情提示

一般张贴在收银台，提示消费者“药品是特殊商品，非质量问题概不退换”等。

第九章
医药零售代表实用技巧

细节决定成败。一些小技巧对客情维护也有很大帮助，本章我们主要讲如何用生活中的一些工具深化和药店之间的客情关系。

第一节　提升客情的辅助工具

电　话

电话是零售代表工作中的一个重要沟通工具，如何使用好电话？有重要的事情要和客户沟通的时候就要及时做，初级零售代表总是不敢打电话，总是考虑客户接电话是否方便、会不会让客户反感等一系列问题。但是，我们必须明白，只有电话打出去了，你才能把信息传递出去，你才知道要沟通的事情有没有想要的结果。如果不是想要的结果，你才能提前做好打算，才能做出判断和制定下一步的行动方案。电话沟通的原则是用心和用职业化的声音打动客户。按照下面的方法打电话，我相信你能得到比较好的结果。

（1）要明确打电话的目的

很多零售代表拿起电话就拨出去了，电话接通却说东扯西的半天没说主题，客户烦了，你也没有得到自己想要的结果。因此，在打电话之前，你先想一分钟——打电话的目的是什么，是进货、催收货款，还是通知客户参加某项活动，怎么围绕这个主题沟通，客户会提出哪些疑问，我们如何应答。静静考虑一分钟。

（2）语气要平稳，吐字要清楚，语言要简洁

尤其是初级零售代表，可能是客情关系不到位，一打电话就激动、紧张，语无伦次，语气也不平稳，透漏出紧张的气息，甚至有的人普通话也不标准，一句话重复半天，弄得客户烦透了。

保持一颗平常心，打电话之前深呼一口气，组织好自己的语言，再给客户打电话。

（3）必须清楚你的电话是打给谁的

电话拨过去之后要确认一下接电话的人是不是你要找的那个人，有的零售代表电话一接通就噼里啪啦的说半天，人家一句："对不起，我不是李经理，今天他休息了。"说半天也没有用！

（4）一分钟内把自己和目的介绍清楚

一分钟内把自己是谁和要沟通什么事情说清楚，要让你的客户知道你是谁，你要和他说什么。可以在打电话之前演练一下。比如，"张经理，您好！我是××药业的鄢圣安，问下这个月您这边货款是怎么安排的，我什么时候来拿钱?"

（5）要做好记录，及时跟进

电话沟通完之后，总会有一个结果。有些重要信息要记录下来，在哪个时间段要做什么事情、准备哪些材料，以便后续跟进。比如，沟通完后，张经理说："19号送增值税发票过来，25号过来拿现金。"要记录好日期，避免错过时间，影响结款。

电话沟通就这几个步骤，我有一个原则：能当面沟通的就不要电话沟通，能电话沟通的就不要短信或QQ沟通，仅供大家参考。

短　信

短信在日常生活中使用是很普遍的。医药零售代表如何利用好这个工具？首先，要注意以下几点：

（1）不能有错别字。

（2）主题要明确，语言简洁，少说废话。

（3）发出去之前要检查一遍收信人是否正确，看看内容是否通顺、有没有歧义。

（4）对客户的回应要有反应，哪怕是一句简单的“好的”、“谢谢”都行。

那么，在销售中，我们该如何用好短信？

（1）初次拜访后，你留有客户的手机号码，出了药店或晚上回家后给客户发一条信息，加深一下你在他脑海的印象。比如，“张经理，您好！我是今天早上拜访您的××药业的销售经理鄢圣安，麻烦您存一下我的手机号码，谢谢！”

（2）客户的生日或者重大的节日，发送祝福短信。这里我要说的是，转发的短信少发，最好是自己原创的，显得更尊重人和更用心。有的人转发短信甚至连称呼和落款都忘了修改，让客户很反感。比如，“新春新气象，鄢圣安祝您及全家新春快乐，身体健康，万事如意，财源滚滚来。”

（3）对客户表示感谢。有时候，当面感谢有些难为情，我们可以发短信表示感谢，以获得客户的好感。比如，“胡经理，您好！感谢您这两天对××药业培训的支持，麻烦您了，谢谢！”

（4）通知重要事情或促销活动。有时候，公司有促销活动，可以提前给客户发短信通知，然后再上门拜访，也为上门拜访提供了借口。比如，“张经理，您好！我公司开展‘夏季送清凉’活动，一次性现款购入板蓝根颗粒100包送30包，加送海尔电风扇1台。稍后我将上门拜访，这两天您考虑一下。”

（5）传播健康资讯或天气预报。我们可以将自己收集的一些行业信息通过短信的方式与客户分享，天气变化时也可以发信息提醒一下，表示关怀。比如，“各位尊敬的客户朋友，据武汉气象局报道，明天下午4点有大到暴雨，请大家安排好出行、带好雨具，注意安全。”

微信、微博和 QQ 空间

微信、微博和 QQ 空间是年轻人沟通交流的重要方式，零售代表如何利用好这些资源帮助销售呢？

（1）可以利用微信、微博和 QQ 空间转发对行业发展或者药店销售有实际帮助的信息，比如，合理用药、如何推荐药品等信息，让客户觉得我们更专业。

（2）也可以通过微信、微博和 QQ 空间了解客户的动态，比如，客户最近去哪儿旅游了、最近有什么开心事或者烦心事等，都能成为我们关心客户的信息来源，也为我们下次拜访客户提供了切入点。比如，“上次看您的空间，您去内蒙古大草原旅游啦？我也去过那里，我觉得……”

邮　件

在邮箱方面，大家想弄得专业点就申请一个简单好记的 163 邮箱，想方便就用 QQ 邮箱和手机邮箱。我建议大家在索要邮箱的时候要 QQ 邮箱，获取客户的 QQ 号之后，可以为以后的沟通提供便利。

小礼品

在日常的拜访工作中，难免会送一些小礼品，为开展工作提供便利。但这里说的小礼品，绝对不是指饮料、水果或其他东西，而是学习资料、书籍等。我认为，送客户卖药的知识和技巧远比送饮料和吃喝的东西强，那些东西别人也会送，没有特色。另外，要注意送小礼品时一定要有说辞，不是礼品送了就没有下文了，干巴巴地给东西。

比如，“最近天气干燥，给大家买了些梨，可以生津、止渴、润肺，大家工作这么辛苦，要保养好自己的身体啊。最近，我学习了这本书，书里的内容对合理用药和推荐药品有很大帮助，今天给咱们带了一本，希望对大家有帮助。”

样　品

谈到这个话题，很多人会说：“我们公司没有样品。”如果是这样，你总说你的药好，恰好某店员有这方面的症状，你买 1 盒送给她，她吃过好了，你说她会不会帮你在以后的销售中推荐药品？就算没有好，你那么重视她，她能不帮你好好卖药吗？

我曾经帮零售代表做药店店员产品培训，培训完后，有一个老师说：“你的药这么好，我正好有这方面的毛病，你能不能送我一些样品？”我说：“我们没有样品，没事儿，老师，我从公司买 1 盒送给您，您到时候给我反馈一下效果，明天让代表给您送过来，您给我留一个手机号码。”最后，这个店员发展成了目标店员，为我们的产品销售提供了很多帮助。

第二节 如何快速开发新客户

这是众多初级业务员想知道的秘诀，我给大家分享几个开发客户的心得。

“扫街”

这是最笨的办法，也是零售代表初期必须经历的。这样做的好处在于，你能够快速了解自己区域里药店的情况，然后各个击破，发展成为自己的客户。

一定要注意做好“扫街”的记录。对于个体单店和组合药店，老板在的时候问他一共有几家药店；老板不在的时候，要多和药店店员沟通，看看怎么做才能最大限度地提高首推概率，了解药店的产品结构和与产品相关的竞品情况，尽可能多地掌握药店信息，为以后的进店谈判和上量做准备。

对于连锁药店的门店，要问清楚总部在哪里、采购负责人是谁、店里的首推是如何指定的。观察店里的产品结构和竞品情况，看看标签有没有不一样的地方，为以后的进店谈判和产品上量做铺垫。

药店经理或店员推荐

医药零售这个圈子说大不大、说小不小，圈里的人基本都认识，当你和药店经理的客情关系比较好的时候，可以让他给你推荐一些好的药店。药店店员也是如此，总是在这个圈里跑来跑去，你可以让他们推荐一些药店，并且他们更了解药店的情况，对你的开发有好处。比如，“张经理，您好！同济堂安心店的马经理说您的这家药店不错，让我过来跑跑，看这几个优势品种能不能和您合作。”

药店老板的推荐

一般来说，药店老板不会孤军奋战，他的亲朋好友里总会有做药店的人，甚至他自己都有好几家药店。客情关系处理得好，可以让其推荐其他药店。见到新客户可以这么说：“张老板，您好！同济堂安心店的张老板向我推荐您的店，有几个产品在他那里卖得不错，看咱们这里能不能合作？”

同行推荐

俗话说：“同行是冤家。”这个方法慎重使用。因为你的产品可能是竞品，所以，同行给你推荐的药店，你也不可全信。但是可以试试，比如，见到新客户你就说：“张老板，您好！××药业的小赵说您的这家店不错，我也有几个优势品种，看咱们能不能合作？”

方法多种多样，重要的是你能够有一套成功方法并坚持做下去。如果你目前没有好的办法，可以按我的方法做下去，我相信你会有所斩获！

第三节　药品在药店动销不好的原因分析和行动计划

药品进药店不是最难的事，难的是动销和上量。药卖得不好，零售代表有很多理由：产品不好卖、店员不愿意卖、同类竞品太多、这方面的患者少等。

曾经，我的零售代表对我说："去那个药店买咳嗽药的人比较少。"我问了他几个问题："店里是不是就我们的一种咳嗽药？一天一个买咳嗽药的人都没有吗？"他的回答是否定的，我说："那好，如果一天来一个人就推荐我们的咳嗽药，一个月 10 瓶药好卖吧？"他不说话了。

下面，我给大家介绍一下我解决药店药品卖得不好问题的方法。

首先，解决药店愿不愿意卖的问题。不愿意卖的原因是什么？不是首推，没有利润，店员卖了提成不高等。

其次，首推的问题能不能解决，有没有利润空间？有，谈成首推。如果产品没有利润空间无法实现药店首推，那就做成店员心目中的首推，多拜访，让某个店员认可你，只要有一个店员认可你就好了。

最后，成了首推，还是卖得不好，你要弄清楚店员会不会卖。店员不会主动思考你的产品是卖给哪类患者的，你要做培训，不管是一对一的培训还是店员培训会。

总的来说，卖得不好，你要解决两个问题：愿不愿意卖、会不会卖。解决了，销量就起来了。**我认为，药店销售很简单，“解决”两个人就行，一是进货的人，一是卖货的人。**怎么解决？前面的章节里教了很多办法了，这里不再重复。

我曾经操作过一个产品，店员的提成达到6元，但是销量不好。有一定客情基础之后我问店员原因，原来是他们不知道怎么卖、怎么推荐给消费者、说哪些说辞。于是，我开展了一场店员培训会，将产品讲透，销量短时间内提高了好几倍。

第四节　快速提高产品销量的办法——联合用药

首先，我们要树立一个观念并把这个观念传递给消费者：联合用药的目的不是为了获得更多利润，是为了提高治疗效果。

联合用药是快速提高销量的办法，也是药店喜欢的手段。对于培训联合用药的厂家来说，可以提高自己的产品销量；对于药店来说，可以提高销售额；对于患者来说，可以加快疾病的治愈速度。所以，提供合理的联合用药建议，药店是非常欢迎的。

什么是联合用药?

联合用药是指为了达到治疗目的而采用的两种或两种以上药物同时或先后应用。在联合用药的过程中，数种药物常常在人体外或体内发生一系列的影响。

从广义上来说，药物间的相互作用包括发生在人体外的药剂学上的配伍禁忌，以及发生在体内的药理学上疗效和毒性的增强或减弱。

所谓配伍禁忌，是指两种或两种以上的药物调配在一起时，可发生物理或化学反应，如混浊、沉淀、变色、减效、失效或产生有害物质。一般而言，用药的种数越多，其发生不良反应的概率也越高。

此方法的核心是把自己的产品与某品牌产品联合起来，讲出一套消费者能理解和认同的说辞。

联合用药是非常科学、专业的事情，我在此列举了在《中国药店》上看到的几类常见的联合用药方法，大家还可以自己再挖掘此类相关知识。下面介绍一些联合用药的小技巧。

(1) **内服药 + 外用药**

这是店员最容易理解、最容易记忆、最容易与消费者沟通的搭配形式，同时也是消费者最容易接受的——以“外用药直达病灶治标，内服药治本”的概念推荐用药。所以，这种搭配对没学过医药专业知识的员工很实用，甚至可以将它应用到每一次销售中去。

妇科炎症推荐外用栓剂/外用洗剂/凝胶剂 + 内服药；

儿童腹泻推荐用内服妈咪爱 + 外用宝宝一贴灵；

发烧推荐内服美林 + 外用退热贴等；

跌打损伤内服活血化瘀的药 + 活血通络的贴膏/气雾剂。

(2) **治标药品 + 治本药品**

很多患者只会描述病症：疼、肿、痒等表面症状，不知道真正的病因在哪里。因此，我们在推荐用药的时候要先推荐一个治标的药物，再加上一个治本的药品。

若风湿病患者进店购买双氯芬酸钠镇痛、抗炎，我们可以强调双氯芬酸钠仅是对症治疗，搭配中成药风湿定胶囊可以活血通络、除痹止痛，治疗风湿效果很好。

(3) **主力药 + 治疗伴随症状产品**

要做好这种搭配一定要注意与消费者多沟通，才能发现消费者生病的症状，进而搭配相关产品。不能消费者指定购买某药，就只拿消费者指定的药品，一定要问消费者：“您哪里不舒服？有什么症状？”只有这样，才会发现消费者更多的购买需求。

消费者感冒，主力药可选复方氨酚烷胺片、氨咖黄敏胶囊、四季感冒片、羚羊感冒片、维C银翘片等西药或中成药的感冒药。同时，可以搭配治疗相关症状的产品，如感冒伴随咽喉不舒服可关联搭配咽炎片、金银花含片、胖大海含片等；感冒伴随咳嗽、咳痰可关联搭配川贝枇杷糖浆、半夏止咳糖浆、咳特灵胶囊、罗汉果止咳糖浆等。

（4）主力药+提高免疫力产品

这是经常发作、反复不愈的疾病可以用到的搭配。

经常感冒者，推荐复方氨酚烷胺片+维生素C或者蛋白质粉；胃溃疡患者，三联疗法或者四联疗法+螺旋藻。螺旋藻本身呈弱碱性，含叶绿素促进肉芽组织生成，含有丰富的蛋白质成分，对于溃疡的愈合也有非常大的作用。

（5）主力药+促进吸收、助消化、补充营养矿物质产品

这也是搭配得非常多的形式，尤其是很多慢性病都需要补充营养矿物质。

口腔溃疡用西地碘含片+维生素B，骨质增生用抗骨增生片+钙片+氨基葡萄糖等。

（6）西药+中（成）药

西药治标，中（成）药治本，我们也可以根据这个道理搭配用药。

胃溃疡用三（四）联疗法＋安胃片或者胃康灵、正胃片，现在很多大医院的医生就是这样开药治疗胃溃疡的，我们也把这种搭配叫五联疗法。

在考虑我们的产品与品牌产品的联合用药过程中，一定要科学组合，不能盲目地生搬硬套，要权衡利弊，即注意药品的相互作用。

（7）疗程用药

有些药品在短时间内是看不出效果的，慢性病是需要长期服药才能够治愈的。因此，疗程用药就显得很重要。比如，女性补气补血类产品、六味地黄丸等都应按疗程服用。

小知识：综合考虑药物的相互作用

目前，药店的联合用药主要是针对某种病症，随着推荐药物及其组合逐渐增多，我们给药店店员的联合用药方案需要注意，在建议用药时不仅要针对患者的病症，更要充分考虑药物间相互作用，权衡利弊后再推荐。

以布洛芬制剂的运用为例，布洛芬制剂与其他非甾体类消炎药同用时，会增加胃肠道副作用，并有致溃疡的危险；与阿司匹林或其他水杨酸类药物同用时，非但不能起到增强药效的作用，反而会导致胃肠道不良反应及出血倾向发生率增高；与肝素、双香豆素等抗凝药及血小板聚集抑制药同用时，有增加出血的危险；与呋塞米同用时，后者的排钠和降压作用会有所减弱；与维拉帕米、硝苯啶同用时，会使布洛芬制剂的血药浓度增高；布洛芬制剂还可增强降糖药（包括口服降糖药）的作用，在推荐用药时须注意消费者有无糖尿病史，提醒患者警惕低血糖的发生；与抗高血压药同用时可影响后者的降压效果；丙磺舒可降低布洛芬制剂的排泄，增加血药浓度，从而增加毒性，故同用时宜减少布洛芬制剂用量。

因此，在推荐时要了解各种药物之间的相互作用，避免降低药物疗效，甚至导致中毒事件的发生。联合用药需要充分考虑两个问题：一是药物之间的相互作用，二是考虑是否是重复用药，无形中增加了药品的服用剂量，增大了副作用。

后　记

我们为什么要选择这个职业

打开招聘网站，成千上万种职业，我们为什么要选择销售这个行业，为什么又偏偏选择医药销售？

第一，我们为什么要做销售？

我想用我在《销售与市场》上看到的一段话来回答这个问题。

（1）超过70%的CEO出身销售。

（2）好好做3年的销售，以后转行做什么都不浪费，你将具有战胜一切困难的勇气和能力。

（3）销售是晋升机会最多的职业。

（4）销售是能带来丰厚收益的职业。

（5）销售最容易找工作，生命周期长，可以干到50岁。

（6）很多CEO都是销售高手。

因为这段话，我大学毕业后选择了销售这个行业。

在业界比较出名的，从销售员做到董事长的人是格力电器的董事长董明珠女士。1990年，36岁的她毅然辞掉南京的工作，南下广东打工，儿子东东8岁，留在奶奶身边照看。刚开始在深圳工作，一次偶然的机会，她来到珠海替一个朋友办事，感到珠海环境比深圳开阔、宁静，决定留在珠海找工作。应聘当时名为海利空调器厂的格力电器，成了一名基层业务员。

一开始，她不知营销为何物，凭借坚毅和“难缠”，连续40天追讨前任留下的42万元债款，成为营销界茶余饭后的经典故事。1992年，凭着勤奋和诚恳，董明珠在安徽的销售额突破1600万元，占整个公司的1/8。随后，被调往几乎没有一丝市场裂缝的南京。隆冬季节，她神话般地签下了一张200万元的空调单子。1年内，个人销售额上蹿至3650万元。1994—1995年，任珠海格力电器股份有限公司经营部部长；1996—1997年，任珠海格力电器股份有限公司销售公司经理；1997—2001年，任珠海格力电器股份有限公司副总经理；2001—2006年，任珠海格力电器股份有限公司总裁；2006年—2012年5月，任珠海格力电器股份有限公司副董事长、总裁。2012年5月，格力电器宣布，公司总裁董明珠正式被任命为格力集团董事长。

第二，我们为什么要做医药销售？

销售的种类那么多，我们为什么要做医药销售？

从薪酬方面说，我一直认为创业和做销售是短时间积累财富最快的选择。医药行业的销售薪水一直是比较高的，底薪基本上在最低生活保障水平以上，各种奖金、提成和年终奖都比较多。一名优秀的业务员，从事医药销售工作1年以上就能过上小康生活，3~4年可以买房、买车。但是，这绝对不是轻而易举的事，需要你在医药销售的路上守得住寂寞、忍得了煎熬、等得了成功。医药销售中的成功者又是创业最容易成功的群体。

从自我成长来说，销售非常锻炼人。一方面，锻炼我们的能力，包括学习能力、自我管理的能力、计划执行能力、沟通能力；另一方面，锻炼我们的心态，销售没有坚持到底的恒心是做不出成绩的。在销售的过程中免不了被拒绝、嘲笑、敷衍等，而这些为难我们的人和事锻炼了我们的心境，让我们“不以物喜，不以己悲”。

从职业发展来说，销售界流传过一句话：“能把医药销售做好的，其他销售也不会做得太差。”阿里巴巴董事局主席马云做过医药零售代表，原香港特别行政区行政长官曾荫权曾为了赚钱在辉瑞制药做过业务代表。做过医药零售代表的人不管是在本行业还是在其他领域，都有比较好的发展前景。

从自我健康来说，我们不断地学习药品知识和医学知识，对自身和身边家人的健康关注得更多，可以为身边的人传播健康知识。

从职业本身来说，我们做着一件不平凡的事情。作为一名专业的医药零售代表，我们把最前沿的医疗信息带到了终端，指导店员合理荐药，帮助患者合理用药，解除疾病的痛苦，关爱他人的健康，为健康事业奋斗。我为做这样一份工作而自豪！

这就是医药零售代表这个职业，我热爱这份工作。

知识扩充1

医药行业电子商务的发展

近年来，随着电子商务的发展，医药行业在这方面的投入也比较大，尤其是“北上广”。医药电商的发展也是比较好的，比如，京卫大药房的“药房网”、医保中洋大药房“北京药品网”和开心人大药房的“开心人网上大药房”。

药品是特殊的商品，因此，国家对医药行业电子商务的管控一直比较严格，我将带领大家了解我国医药行业电子商务的发展和零售代表如何借着电子商务的力量提高自己的销量。

第一节 医药行业电子商务发展状况

2000年年初，国家食品药品监督管理总局（以下简称药监局）明确规定，暂时不允许任何药品生产和经营企业在互联网上进行药品交易，也不允许企业向消费者网上售药，即国家药品的监督管理部门鉴于药品的特殊性既不允许开展B2B（企业对企业），也不允许开展B2C（企业对消费者）的电子商务。这在一定程度上阻滞了医药电子商务的发展进程。

2000年6月，国家药监局随后放松了限制，规定具有合法证照的药品生产、经营企业在与电子商务试点网站签订协议后，可以从事B2B形式的药品交易；合法资格的医疗机构经与电子商务试点网站签订协议后，也可以从事网上药品采购；但是B2C形式的网上药品交易仍是被禁止的。

2000年10月，在召开的国家药监局电子商务试点单位会议上，有8家医药经营企业被允许进行网上售药的探索。药品电子商务试点网站不能直接参与药品经营，不得从药品差价中获得利益。如果该网站直接参与药品经营，从药品差价中获得利益，将不能通过药品电子商务主体资格的审验。

2002年年底，药品电子商务试点审批被取消，各企业视具体情况，在办理了相关网站申报和审批后，可以自主开展药品电子商务。监管部门多年来前后出台的文件和规定中，先后用到了“互联网药品信息”、“药品电子商务”、“经营性网站”等名词，并且语义模糊、界定不清。这也正反映出中国在利用信息技术推动医药事业进步的过程中遇到了很多困惑。

2004年7月8日，国家食品药品监督管理总局明确地把网上药品零售排除在医药企业可开展的业务之外，有1000多家涉药网站取得了《互联网药品信息服务资格证书》。

2005年10月8日，国家食品药品监督管理总局正式公布《互联网药品交易服务审批暂行规定》（简称《规定》），共37条。《规定》有以下几方面的主要内容。

（1）将互联网药品交易服务分为以下三类：

一是为药品生产企业、药品经营企业和医疗机构之间的互联网药品交易提供的服务。

二是药品生产企业、药品批发企业通过自身网站与本企业成员之外的其他企业进行的互联网药品交易服务，即B2B模式。

三是向个人消费者提供的互联网药品交易服务，即B2C模式。

（2）凡从事网上药品交易服务的企业，必须经过审查验收并取得互联网药品交易服务机构资格证书，并在其网站首页显著位置标明交易服务机构资格证书号码。

（3）严禁向个人销售处方药。向个人消费者提供互联网药品交易服务的企业只能在网上销售本企业经营的非处方药，不得向其他企业或者医疗机构销售药品。同时，向个人消费者提供互联网药品交易服务的企业，还必须是依法设立的药品连锁零售企业，有执业药师负责网上实时咨询，并有保存完整咨询内容的设施、设备及相关管理制度。

（4）在互联网上进行药品交易的药品生产企业、药品经营企业和医疗机构必须通过经食品药品监督管理部门和电信业务主管部门审核同意的互联网药品交易服务企业进行交易。

（5）参与互联网药品交易的医疗机构只能购买药品，不得上网销售药品。

至此，我国已对互联网的药品信息服务、电子身份认证、互联网的药品交易服务等做出了相关规定，但电子结算等方面仍需要出台相关法规进行进一步的规范。可以预见，随着国内医药电子商务法规的进一步完善，国内医药电子商务将会呈现良好的发展态势，推进我国医药电子商务的发展将成为可能。

第二节　B2C 模式的互联网药品交易服务

按照国家食品药品监督管理总局的通知要求，在取得相应资质后，医药连锁零售企业可以开设网上药店销售非处方药。

2005 年 12 月 29 日，京卫大药房网上药店（如图 1 所示）获得了由北京市食品药品监督管理局颁发的《互联网药品交易服务资格证书》，这是我国首家获得网上药店经营许可的企业。

图 1　京卫大药房网上药店

截至 2014 年 5 月 12 日，国家食品药品监督管理总局发布网络购药消费提示，目前，经药监部门批准在网上合法销售药品的药品零售企业有 184 家。

2014 年 3 月 21 日，《2013 中国医药电商数据报告》发布。报告显示，2013 年，我国网上药店销售额为 39 亿元，保持了 200% 以上较高幅度的增长。

2013 年，国务院对我国健康服务业实现 8 万亿元规模的市场规划，使大健康产业面临前所未有的机遇，这个具有发展潜力的市场越来越受到投资创业者的青睐与关注，医药企业也纷纷扩大经营范围，向大健康产业拓展业务，医药电子商务则成为众多企业积极参与的一个重要销售方式。

网上药店虽然在2013年取得了高速增长，但基础极为薄弱。和2011年网上药店4亿元、2012年16亿元的销售额相比，2013年增速同比有所下降。

网上药店排行榜如图2、图3所示。

2013－2014年度
网上药店销售排行榜（10强）

注：此榜企业销售额仅为电商渠道总营收，不含其他渠道

排序	公司名称	网站名称	[illegible]	[illegible]
1	上海华源大药房连锁有限公司	健一网	38000	2011年4月29日
2	广州市七乐康药业连锁有限公司	七乐康网上药店	36338	2010年4月1日
3	上海百秀医药科技有限公司	可得网	33200	2012年11月16日
4	广州百济新特药业连锁有限公司	百济新特药房网	32000	2013年11月21日
5	广东康爱多连锁药店有限公司	康爱多药房网	31265	2011年5月18日
6	广东健客医药有限公司	健客网	31000	2009年6月25日
7	北京好药师大药房连锁有限公司	好药师网上药店	24000	2009年10月10日
8	北京京卫元华医药科技有限公司	药房网	20055	2005年12月29日
9	河北华佗药房医药连锁有限公司	华佗药房网	13000	2011年11月8日
10	长治市昂生大药房零售连锁有限公司	昂生大药房网	10700	2010年12月17日

图2　2013—2014年网上药店销售排行榜（10强）

2013－2014年度
天猫医药馆销售排行榜（20强）

排序	公司名称	排序	公司名称
1	华源大药房旗舰店	11	德生堂大药房旗舰店
2	七乐康大药房旗舰店	12	开心人大药房旗舰店
3	康爱多大药房旗舰店	13	壹号大药房旗舰店
4	昂生大药房旗舰店	14	先声再康大药房旗舰店
5	华佗大药房旗舰店	15	九洲大药房旗舰店
6	上海大药房旗舰店	16	健客大药房旗舰店
7	海王星辰大药房旗舰店	17	京卫大药房旗舰店
8	嘉定大药房旗舰店	18	乡亲大药房旗舰店
9	百秀大药房旗舰店	19	存仁堂大药房旗舰店
10	亚洲大药房旗舰店	20	天士力大药房旗舰店

图3　2013—2014年天猫医药馆销售排行榜（20强）

网上药店的限制

虽然国家放松了网上药店开办的限制，但是药品本身是特殊的商品，网上药店的门槛较其他电子商务更高。申请一家网上药店，有以下限制：

第一，申请网上药店售药的企业需要同时具备连锁药店零售资质及互联网药品信息发布资格。也就是说，要有完善的网址、网页及其他方便性的互动软件支持，完成基本的网页建设，这对于没有这方面基础的传统连锁药店来说是很困难的。所以，这形成了较高的门槛。虽然现在有第三方的销售平台，零售药店甚至个体药店可以加入其中，但考虑到政策的影响，即使加入也会受多种条件的限制。

第二，网上只能进行非处方药的销售，药品的销售范围受到限制。

网上药店购药的优势

与实体店购买药品相比，在网上购买药品有很多优势和特点：提供了全面、详细的购药入口，轻松实现快捷购买；可以通过不同药品分类进行导航，用最方便、最快捷的方式找到自己需要的药品；提供了网上药店所需要的各种工具与网站，满足消费者的药品购买需求；公正性很强，大站、专站、小站排列顺序分明；可以在家中更加隐蔽地购买药品和向医师咨询；价格合理，经过多站点的比较后找到性价比高的药品。

网上药店发展遭遇的难题

（一）时效性

网上买药，从药店到消费者手中需要一定的时间，而患者不会为了便宜几元钱而忍受疾病带来的痛苦。比如，如果患有感冒、发热、鼻塞，一般患者就会就近选择药房买药治疗，而不会因为某药便宜几元钱而网上买药。

（二）不能报销，消费者不愿网上购买

有些患者需要常年服药，可能一次性在网上购买能够省下一笔钱，但是目前在网上买药是不能报销的，尤其是那些有医保卡的人，网上买药是便宜，但是要用现金支付而不能用医保卡，这对于部分老年人来说是难以接受的。

（三）送货难

根据我国药品法的相关规定，药品作为关系人们生命安全的特殊商品，是不允许邮购的。第三方送货无法避免药品在配送途中被污染、破损、调换等问题。正因为如此，经营网上药店获批的前提条件之一就是必须有连锁经营的实体门店。“网上下单，门店送货”是网上药店唯一合法的经营模式。

一边是地域性明显、数量有限的实体门店，一边是没有空间限制的网上订单，如何协调两者而又不违反法律法规成为一道难题。于是，业界出现了各种各样的应对措施：有的网上药店本地订单、门店送货，外地订单依旧走邮政或是快递公司；有的把网上药店交给网络公司打理，成了单一的营销平台，门店沦为配送中心，根据销售情况与网络公司分成；有的网上药店则与外地药店结成战略联盟，自己无法配送的订单委托合作药店送货，然后根据订单抽取点数。

（四）药品质量没有保证

严格来说，药品的运输和储藏都是有一定的规定的，尤其是对湿度和温度的变化。而网上药店售药多是依靠第三方物流运

输，这样，在运输过程中的湿度和温度没有办法控制，容易导致药品变质，加上一些特殊的剂型，比如，口服液，在运输的过程中极易破损，所以，产品质量难以控制。

（五）无法提供用药指导

有些疾病是不断发展的，每个阶段用什么药，或者同一种药不同阶段所用的剂量也是不一样的。在网上买药不能得到有效的用药指导，不能针对性用药也是网上药店发展的一个难题。

（六）不能卖处方药

网上药店的最大优势还是卖药。传统门店药品有 2000～3000 种，而网上药店由于不受空间限制，药品种类近万种，甚至更多。

网上药店一般配备数量不等的执业药师、执业医师，负责解答和指导各种专业性问题。比如，药房网就配备了多达 43 人的执业药师队伍。

然而，最需要药师把关的处方药，网上药店根本没法经营。实际上，电子处方就能很好地解决这个问题。一些小病、常见病，可以通过视频诊疗的方式，由执业医师远程开具电子处方，网上药店送货上门。

（七）用药多的群体反而是“网盲”群体

网民大多数是年轻人，而年轻人并不是药品的主力购买群体，药店的主要目标群体是中老年人，而这部分人多为“网盲”，或者并不是上网的主体。因此，网上药店不可能一下子就有较大的销售额，但随着网络的发展进程，销售额的增加也是可以预见的。所以，在近期内，网上药店的最大作用就是展示药店形象、宣传药品知识。

（八）消费者购买习惯的问题

目前，通过网上购买药品的消费者最担心的事情：一是药品质量和来源问题，因为无法核查实物，这是网上购物消费者都有的担心。二是没有现场的交流，担心自购的药品不符合自己的病症。三是担心运输时间过长，药品受运输环境的影响变质。四是送货速度过慢，担心耽搁了自己的病情。

（九）网上药店的盈利问题

不管是什么类型的药店，通过什么样的渠道卖药，盈利是根本的出发点，网上药店也不例外。以开心人网上大药房为例，它所出售的商品比实体店低10%左右，达到了平价药店的水平，但是在药品的配送方面，要求满99元免邮费，这就提高了消费者的购买门槛。一般的消费者可能需要的药品价值在20元左右，这样就减少了一部分购药人群。再加上网站的运营和后勤的配合成本较高，网上药店在短期内盈利是一件很困难的事情。

如何借助网上药店提高销量

（一）确定自己的品种是否适合网上销售

除去明确的不能在网上销售的处方药和针剂，我们要研究产品能否在网上销售。据了解，网上药店整个品类结构的占比分别是医疗器械近40%、OTC为27.5%、护理24%、计生用品7%等。根据分析数据不难发现，中老年慢性病品类和以年轻人为主要消费人群的品类基本上各占一半。而另有数据显示，天猫医药馆中，排名靠前的药物分别是治疗不孕不育、补肾等OTC产品，以及补益类和维生素等。

2012年，业界普遍用“医药电商黑马”形容七乐康大药房。据了解，七乐康大药房的天猫旗舰店是淘宝TOP医药馆，销量居全网第一，月销量不断刷新纪录，主打产品为计生用品、血压计等医疗器械，以及汤臣倍健等保健食品。七乐康大药房旗舰店相关负责人在谈到网店特色时，强调了品类与品牌的合作。该负责人表示，由于与众多品牌保持良好的合作关系，七乐康往往能获取最新资讯，最新产品也能第一时间进到货并及时上架，消费者可以很直观地看到哪些是最新产品。据悉，七乐康大药房获得众多品牌的授权书，消狐臭产品等特色品类更是独家授权。

（二）网上药店首推

产品适合进入网上销售以后，也要谈成首推产品。比如，在搜索栏下有药品的备选项、网页首页展示、在搜索出来的同等功效产品中排位靠前、首页有产品的促销画面等。

随着网上药店的发展，医药零售代表也要与这些网店接触，了解现有的网上药店的品类格局很有必要。大家可以到第一药店网上了解相关的内容。

第三节 了解O2O模式

O2O是当下医药行业比较火热的话题，作为一名专业的医药销售代表，我们有必要对其进行了解，跟随时代发展的脚步，不断拓宽自己的知识范围，与时俱进。

所谓O2O模式，是指线下的商务机构与互联网结合，让互联网成为线下交易的前台。简单地说，就是达到这样的效果：假如有人头痛、发热，他通过手机向客户端说清诉求，附近的药店便会根据情况及时应答，双方沟通后在线交易，并在30分钟内送药上门。

下面是《21世纪药店》在访问广州快货电子商务公司董事长廖光会时的一些相关内容：

O2O模式有两大作用：一是提高门店销售额，通过线上下单、线下消费的形式，可以提高线下门店的销售额；二是助力门店扩张，通过网上某个区域的流量情况，可以看出该区域的客流情况，从而为在该区域新开门店以满足线上的消费需求提供参考依据。

目前，O2O在药店圈尚未有成熟的发展模式。不少药店希望可以通过此种模式实现线上和线下的双赢。但是，O2O在药店圈的发展却面临诸多问题。

第一，药店O2O模式消费者的知晓度有多高？有多少消费者愿意在线上消费、线下取货？

第二，在实行O2O模式后，药店的原有体制（门店管理、人员配备、服务标准等）有无改变？假设一家药店1天需承接500

张甚至 5000 张订单，在人员配备、货品储备、服务方面，这家药店能否承接得了？

第三，药店 O2O 与其他行业 O2O 模式有什么异同之处？

目前，对上面提出的一些问题还没有明确的解决办法。如果药店真要运行 O2O 模式，可以选择一些社区型的重点门店试运行。

已有一部分医药企业开始布点 O2O，我在此引用九州通的做法。

九州通布局 O2O，推出微信“药急送”

据了解，“药急送”业务功能是九州通打造 O2O 平台，跨越 B2C 的第一步。在“药急送”服务中，九州通将通过“消费者通过微信发起‘药急送’服务”、“系统自动匹配附近药店，向药店发送用户需求”、“药店服务人员与用户联系确认需求”、“药店店员上门配送，完成服务”四个服务闭环，满足线下药店需求与消费者需求，并通过线下消费者行为分析，构建一个核心信息闭环，形成双方需求沟通的完美循环。

目前，九州通好药师电商平台已在北京和上海 200 多家药店提供线下到线上的店内扫描二维码微信下单支付服务，以及线上到线下的“药急送”服务。九州通方面表示，阿里巴巴、京东等电商巨头，通过市场投放大幅提高其他垂直电商获取用户的成本；通过平台模式大幅侵吞其他供应商和合作方的利润；通过大量线上用户的聚集完全控制定价权。因此，垂直电商只有选择 O2O 方式才能保证用户的入口和服务的独特性，才能保证不受制于网络巨头，O2O 是九州通发展的必然选择。未来，待“药急送”服务成熟后，九州通将会把这种模式推广至全国，以构建全国范围内的 6 小时送药上门的 O2O“药急送”业务网络。

知识扩充 2

医药零售行业主流销售模式

了解医药零售行业的主流销售模式，有助于我们根据公司产品的实际情况，选择适合自己的发展模式，也有助于个人对医药行业的了解和领悟，丰富我们的医药行业知识。

哈药模式

所谓的哈药模式，就是大企业品牌广告驱动模式。先打造出企业或某几种药品的知名度，然后推广其二线品种。这种手法也是修正、仁和、葵花等企业采用的操作手法之一。

OTC 的行业本质是自我药疗，也就是消费者自主选择和购买产品。消费者选择 OTC 产品的依据就是品牌，OTC 竞争到最后一定是品牌竞争。一旦成为品牌企业，产品溢价能力就会明显比完全同质化产品高出很多且销量大，同时，品牌企业的二线产品比其他同质化的产品价格也高出很多且容易卖。

如何在老百姓心中树立品牌形象？最快速、最有效的办法就是打广告。以“哈药”为例，用广告“狂轰滥炸”进行宣传的“哈药”，在广告上的投入有增无减。2010 年，“哈药”广告费用为 3.66 亿元，2011 年增长为 4.14 亿元，其广告投入增幅超过其营业收入的增长速度。

扬子江模式

所谓的扬子江模式，就是依靠医院的处方带动零售药店的销售，逐渐在患者心目中树立品牌形象。处方对于 OTC 销售的带动作用同媒体广告等一样重要，特别是在媒体广告价格越来越高，但对销售产生的影响力越来越低的时代，处方带动的作用更加明显。在患者和药店信任产品和厂家后，再组建零售队伍进入终端，这样操作起来也容易许多。

采用这种操作模式的企业还有步长、济民可信、正大天晴、江苏济川等。

连锁专供模式

随着药店的发展，连锁药店将是零售药店发展的主流。随着场地租金和人工成本的提高，连锁药店的经营成本逐步提高，目前成本率为 25% ~30%，主推毛利率 60% 以上的高毛利产品是必然趋势。

随着主流连锁药店议价能力越来越强，一些先知先觉的 OTC 企业，率先给连锁药店贴牌和给连锁药店较高的毛利，依靠终端的推力，做大销量。

作为品牌企业，适应这种模式有两个方法：一是二线品种给连锁药店做高毛利主推；二是品牌产品做成连锁药店专供的大规格产品，毛利相对较高，让主流连锁药店主推。

采用这种操作模式的企业比较多，比如，安徽新和成、辅仁药业等。

人海战术

有些大企业采取这种模式：省、市、地、县逐级现款底价承包，然后由基层人员把产品卖到各级、各类终端，一般是第三终端、中小药店和大的社会散店。

这种模式随着基药的逐步推进，以及新版 GSP（《药品经营质量管理规范》）的实施和其他监管政策的有力执行，会日渐式微，趋于没落，但是短期内还有一定的生存空间。

采用这种操作模式的企业比较多，比如，修正、葵花、仁和、百灵等。

大流通分销

这类OTC企业的OTC产品都是普药、大普药和新普药，依靠一二级批发商的驱动实现销售，尤其是同质化严重的普药销售更是如此。批发商卖哪家货，区别不大，实现销售的关键是渠道深度分销的各项工作是否做到位，只要商业利益高、“三员”奖励到位、商业客情关系到位、配送商选择准确，就能实现销售。

OTC企业采取这种模式时，只有把终端渠道规划好，把深度分销、渠道管控、渠道规范、渠道客情、渠道促通（非促销）、渠道优化进行到底，就一定会有销量。

采用这种操作模式的有丽珠集团、东北制药等传统民营企业。

代理模式

企业为了快速分销，只组建招商部，招募全国总代或者区域代理。代理商发展到现在能够存活下来的，都属于推广型商业组织，都有人员网络、客户资源。大多数代理商成立了公司，有些是区域代理，也有OTC全国总代理公司。他们对产品遴选的标准高、资金平台小、业务覆盖相对单一，可再细分为医院代理型、药店代理型和推广外包型三类，但有一个共同点，就是对其代理的产品毛利率要求极高（50%～80%）。

采用这种操作模式的企业很多，在每年的药交会（全国药品交易会）上可以见到很多。

医药联盟主推模式

中国医药物资协会自2009年10月以来，先后主导成立了14

家省级药店联盟，覆盖全国 18 个省（直辖市、自治区），共有成员单位 549 家，门店总量 17705 家。

随着各地省级采购联盟、散店联盟的蓬勃发展，在大型制药企业忽视的零售市场上，一些中小制药企业依靠医药联盟主推模式，取得了一定的销量和市场份额。

2011 年，上述 14 家省级药店联盟进行了 73 次联合采购，联合采购的商品市值 12.25 亿元，通过联合采购降低商品价格最高的达到 10%，最低的为 1.4%，总体平均降低商品价格 4.1%。

未来几年，中国医药物资协会将继续推动省级药店联盟的建设，完成全国总体布局，达到 25 家联盟，覆盖全国各个省市。

积极地介入联盟，依靠联盟的力量，把自己的产品做起来，是最好的选择之一，也是比较快捷的途径。

采用这种操作模式的企业有午时药业等。

适量品牌广告拉动，终端强力跟进模式

在局部区域做一些广告，比如，公交移动电视、车身广告等小规模广告。依靠地面终端人员、培训、专柜人员的强力跟进，稳步提升销量。

采用这种操作模式的企业有康恩贝、滇虹药业、远大医药等。

严格控销模式

采取选择性铺货，或者称作街区铺货，一条街（镇）只选择一家重点终端，以规避价格战，提高终端推力和忠诚度。这种模式的本质是提升渠道和终端的价差空间，提高终端毛利率。由于铺货极少，规避了终端之间的价格战，终端也有了信心，产品也

能上量，但是这是中小企业的玩法，产品很难持续做大。

采用这种操作模式的企业有浙江为诚医药等。

媒体操作模式

2013 年的央视“3 · 15”晚会曝光了一些信息后，相信大家对这种模式也有所了解。操作这种模式的人，垄断了一些媒体资源，以电视专题片、广播热线、报纸软文的方式进行狂轰滥炸式的传播，常常是为了扩大宣传、短期炒作某个产品，赚快钱，然后不停地换产品。随着国家有关部门的监管力度加大，消费者用药意识的增强，炒作模式必将没落。

每种模式都有自身的优点、缺点，没有对与错。重要的是，医药企业要根据自己的资金实力选择合适的操作模式坚持做下去。对的模式和操作方式太多，成功的企业太少，主要是没有从企业的实际情况出发，选择适合自己的发展模式并坚持做下去。

知识扩充3

医药零售代表工具包

工具1：经销合同范本

××连锁经销合同书

甲方：　　　　　　　　　（以下简称甲方）

乙方：　　　　　　　　　（以下简称乙方）

为迅速、高效地开展营销工作，本着利益共享、风险共担、有效制约、共同发展的原则，甲乙双方经协商达成以下协议。

一、经销区域

甲方同意乙方将甲方产品在____________连锁______家门店内销售。

二、经销产品的种类、价格

（1）经销产品的种类、价格如表1所示。

表1　经销产品的种类、价格

产品名称	规格（盒）	结算价（元/盒）	零售价（元/盒）

（2）表1所示产品依据市场发展及甲方产品开发情况可扩大产品范围，具体经营品种以双方签订的补充协议为准。

（3）在合同执行期间，甲方供货价若发生浮动，甲方应提前5个工作日通知乙方。如结算价格发生变化，双方另签补充协议，以补充协议签订日期起执行新结算价。如国家政策调整，双方另议供货价。

（4）乙方以现款现货的形式从甲方指定的医药公司进货。

三、双方责任

甲方的责任：

（1）保证产品符合《中华人民共和国药典》标准，保证及时供货。

（2）甲方向乙方提供部分宣传品的样板。

（3）保护乙方市场，及时打击市场假冒伪劣行为。

（4）甲方向乙方提供经销甲方产品的一切手续。

（5）协助乙方策划和组织××产品的促销活动。

乙方的责任：

（1）在销售甲方产品的过程中，乙方不得以任何理由降低双方约定的产品零售价。乙方承诺从甲方购进的本协议产品只在本协议约定门店内销售，不得将本协议产品以任何形式（包括调拨或销售等）给其他零售客户，否则视为乙方违约。

（2）乙方应在每月____日向甲方提供产品销售流向及调拨流向明细。

（3）在销售甲方产品的过程中，要“遵纪守法，合法经营”，乙方在市场经营活动中发生的违法违纪事件与甲方无关。

（4）乙方在经营活动中发生的债权债务由乙方负责，与甲方无关。

（5）爱护甲方的企业形象，不做有损甲方企业形象的事，不得利用甲方提供的证件、证明从事与甲方产品经营无关的业务。

四、约定任务

（1）保证所经营的甲方产品为终端协议主推品种，将甲方产品铺至乙方所有门店。

（2）乙方承诺将本协议甲方品种列为门店核心主推商品，享受门店的核心主推商品政策。

（3）乙方承诺将本协议甲方品种在门店陈列方面给予以下支持：

货架陈列面不小于3个陈列面；

端架陈列一排满放。

针对乙方陈列支持，甲方给予陈列奖励费用为销售额的2%。

（4）乙方承诺平均每月每个门店销售××产品____盒，合计____盒，甲方给予乙方奖金____元。乙方年度从甲方购进××产品____盒，甲方给予乙方3%的返利。

（5）为了更好地促进××产品的销售，甲方给予乙方店员每盒____元的销售代金，由乙方负责发放，乙方以书面通知的形式通知下属门店，并承诺如实全额发放。

五、结算方式

现款现货，货到付款。

六、对账

原则上，甲方与乙方每月或每季度对所销产品进行核对，由甲方派出财务人员（或业务人员）与乙方有关人员进行核对，核对有关账目后，双方人员应在对账单上签字。

七、协议要求

本协议属于商业机密，双方对协议内容有保密义务。

八、合同期限

合同期限为壹年。自____年____月____日至____年____月____日。

九、本协议未尽事宜，双方可签订补充协议，补充协议与本协议有同等法律效力

十、违约责任：由违约方承担

十一、解决合同纠纷方式：在甲方所在地法院解决

十二、本合同自双方代表签字盖章之日起生效，本合同一式两份，双方各执一份

甲方：　　　　　　　　　　　　乙方：

委托代理人：　　　　　　　　委托代理人：

年　月　日　　　　　　　　年　月　日

工具2：药店拜访记录表

药店拜访记录表如表2所示。

表2　药店拜访记录表

药店拜访记录表											
业务代表：						拜访日期：					
序号	时间段	药店名称	药店级别	陈列	店员教育	订单	客情维护	收款	清库	合作品种	行动计划
1											
2											
3											
4											
5											
6											
7											
8											
备注： （1）请在对应的完成项目里打“√”。 （2）有陈列、店员教育项目的请同时提交陈列表和店员教育表。											

工具3：终端客户档案表

终端客户档案表如表3所示。

表3　终端客户档案表

终端客户档案表						
销售代表：						
序号	单店/所属连锁	店名	最近公交站	负责人	电话	产品情况
1						
2						
3						
4						
5						
6						
7						
8						
9						
10						
11						
12						
13						
14						
15						
16						
17						
18						
19						
20						

工具 4：陈列表

陈列表如表 4 所示。

表 4　陈列表

陈列表			
业务代表：	日期：		
序号	药店名称	贴照片处 1	贴照片处 2
1			
序号	药店名称	贴照片处 1	贴照片处 2
2			
序号	药店名称	贴照片处 1	贴照片处 2
3			
序号	药店名称	贴照片处 1	贴照片处 2
4			
序号	药店名称	贴照片处 1	贴照片处 2
5			

工具5：工作总结表

周计划表如表5所示，月工作目标总结如表6所示。

表5　周计划表

周计划表（　　年　　月　　日至　　年　　月　　日）		
工作事项	计划完成时间	完成情况
周总结（进步与感悟）:		

表6　月工作目标总结

月工作目标总结（　　年　　月）		
目标内容	方法和措施	完成打“√”

续表

目标内容	方法和措施	完成打“√”
本月总结：		

工具6：销售目标责任书

××公司2014年年度销售目标责任书

根据公司2013年的销售目标及实际完成情况，按照对市场的预测、参考历史销售业绩，并综合考虑多种可能的影响因素，为充分调动销售部营销人员的销售积极性、提高服务质量，以确保公司年度销售目标的实现，在平等、自愿的基础上，特制定本销售目标任务和相应的激励奖罚政策，并明确公司与责任人的权利与责任。

1. 目标销售责任人

部门经理：

业务主管：

销售代表：

2. 目标销售任务、区域代表分解

（1）全年回款任务及分解如表7所示。

表7　全年回款任务及分解

季度	第一季度	第二季度	第三季度	第四季度	合计
回款任务					

销售代表全年回款分解情况（如表8所示）：

销售代表A，区域：

表8　销售代表全年回款分解情况

月份	1	2	3	4	5	6	7	8	9	10	11	12	合计
回款任务													

（2）全年药店开发任务及分解如表9所示。

表9　全年药店开发任务及分解

季度	第一季度	第二季度	第三季度	第四季度	合计
开发新店数					

销售代表药店开发分解情况（如表10所示）：

销售代表A，区域：

表10　销售代表药店开发分解情况

月份	1	2	3	4	5	6	7	8	9	10	11	12	合计
开发新店数													

（3）全年重点品种销售任务分解如表11所示。

表11　全年重点品种销售任务分解

季度	第一季度	第二季度	第三季度	第四季度	合计
重点品种销售					

销售代表全年重点品种销售任务分解情况（如表12所示）：

销售代表A，区域：

表12　销售代表全年重点品种销售任务分解情况

月份	1	2	3	4	5	6	7	8	9	10	11	12	合计
重点品种销售													

3. 完成目标销售任务期限

____年____月____日至____年____月____日。

4. 薪酬及绩效管理

（1）工资组成及标准如表13所示。

表13　工资组成及标准

项目	基本工资	交通话补	绩效奖金	销售奖金	提成	合计
标准	1800元	400元	据实发放	据实发放	据实发放	

备注：

绩效奖金参考《公司销售人员绩效考核方案》，销售奖金参考《公司销售人员奖金发放方案》，提成参考《公司销售人员提成方案》。

（2）发放时间参考《公司财务工资奖金发放制度》。

5. 公司支持项目

（1）促销活动：

（2）客户答谢会：

6. 公司日常管理制度

7. 本责任书与公司的各项管理制度并行，如有冲突以公司管理制度为准

本责任书一式三份，办公室一份、销售副总一份、年度销售目标责任人一份。本责任书自签订之日起，公司和销售目标责任人应共同努力、携手并进、互励共勉，以期顺利完成目标责任。

总经理（签字）：

日期：

销售经理（签字）：

日期：

业务代表（签字）：

日期：

工具 7：销售经理检查表

销售经理检查表如表 14 所示。

表 14　销售经理检查表

销售经理检查表							
序号	检查时间	药店名称	负责代表	拜访情况	陈列情况	店员教育情况	备注说明
1							
2							
3							
4							
5							
6							
7							
8							
9							
10							
11							
12							
13							
14							

工具 8：月行程计划表

月行程计划表如表 15 所示。

表 15　月行程计划表

月行程计划表									
本月重点工作：									
工作行程									
第一周									
日期：		日期：		日期：		日期：		日期：	
序号	药店名称	序号	药店名称	序号	药店名称	序号	药店名称	序号	药店名称
1		1		1		1		1	
2		2		2		2		2	
3		3		3		3		3	
4		4		4		4		4	
5		5		5		5		5	
6		6		6		6		6	
7		7		7		7		7	
8		8		8		8		8	
第二周									
日期：		日期：		日期：		日期：		日期：	
序号	药店名称	序号	药店名称	序号	药店名称	序号	药店名称	序号	药店名称
1		1		1		1		1	
2		2		2		2		2	
3		3		3		3		3	
4		4		4		4		4	
5		5		5		5		5	
6		6		6		6		6	
7		7		7		7		7	
8		8		8		8		8	

续表

第三周									
日期：		日期：		日期：		日期：		日期：	
序号	**药店名称**	**序号**	**药店名称**	**序号**	**药店名称**	**序号**	**药店名称**	**序号**	**药店名称**
1		1		1		1		1	
2		2		2		2		2	
3		3		3		3		3	
4		4		4		4		4	
5		5		5		5		5	
6		6		6		6		6	
7		7		7		7		7	
8		8		8		8		8	
第四周									
日期：		日期：		日期：		日期：		日期：	
序号	**药店名称**	**序号**	**药店名称**	**序号**	**药店名称**	**序号**	**药店名称**	**序号**	**药店名称**
1		1		1		1		1	
2		2		2		2		2	
3		3		3		3		3	
4		4		4		4		4	
5		5		5		5		5	
6		6		6		6		6	
7		7		7		7		7	
8		8		8		8		8	

工具9：店员教育登记表

店员教育登记表如表16所示。

表16　店员教育登记表

店员教育登记表					
业务代表：			日期：		
序号	药店名称	姓名	电话	职务	宣讲产品
1					
2					
3					
4					
5					
6					
7					
8					

2014 新书预告

实体店销量下滑、线上线下冲突不断，互联网、大数据、OTO……市场一线的压力让企业痛苦，扑面而来的新名词、新玩法又让企业焦虑甚至恐惧。

谁都不想成为恐龙，怎么办？希望2014年陆续推出的“变局”“互联网转型”系列丛书，能帮助企业看清方向，心中有数！

“变局”系列丛书

- 《变局下的**营销模式**升级》程绍珊　叶宁著

营销模式怎么变，无外乎三种方式：客户驱动模式、技术驱动模式、资源驱动模式！

- 《变局下的**白酒**企业重构》杨永华著

白酒行业从扩容式增长——“你增长，我也增长”，变成竞争式增长——“你死我活”，产业整合大势中，谁能活下来？需要哪些条件？怎样才能做到？

- 《变局下的**快消品**营销实战策略》杨永华著

通胀了，成本增加，涨价也不是长久办法，如何从一招一式的被迫应战变成心中有数的“系统战”？

- 《变局下的**工业品**企业7大机遇》叶敦明著

产业链条的整合机会、盈利模式的复制机会、营销红利的机会、工业服务商转型机会、渠道的合纵连横机会、借船出海的资本机会、电商机会……

- 《变局下的**农牧**企业9大成长策略》彭志雄著

食品安全、纵向延伸、横向联合、品牌建设……是挑战，又都是机遇！

- 《变局下的……》敬请关注

“互联网转型”系列丛书

- 《重生战略：移动互联网和大数据时代的转型法则》沈拓著

传统企业在移动互联网时代的4种转型重生战略：价值重塑、深度支持、组织解放、生态基石。

- 《互联网思维下的企业战略转型》李蓓著

本书阐述了传统企业在互联网思维下的战略转型之路：重新定义产品——重新寻找客户——重新发现价值。

BRAGE 北京博瑞森图书 图书导读

为了帮助读者更快、更方便地找到自己需要的书，让书发挥最大价值，我们精心制作了这份导读，希望对大家有所帮助！

博瑞森的书，最适合谁来读？

经营者（老板、总经理、董事长、企业家、合伙人、厂长等）和**管理者**（企业高层、中层和部分基层管理者）以及企业的**骨干员工**（思考如何为企业创造更大的价值），你就是我们的读者，共同的战友！

因为我们相信，你就是影响企业发展大局的关键人物，影响你，帮助你，和你共同学习成长，就是和中国企业一起成长！

博瑞森的书，最大特点？

我们坚持"企业阅读，本土实践"的出版理念，要对企业实践产生实实在在的作用。

"本土"——理论和思想可以来自古今中外，但一定要适应本土；

"实战"——作者都是从企业、市场中摸爬滚打出来的，实战性是渗到骨子里的；

博瑞森的书，怎样"读"，作用好？

免费电子版，手机随时"读"

我们**90%**的书都提供**免费**的**全文电子版**，下载到手机（或Pad、电脑）里，让惜时如金的你，获得最大程度的阅读自由！

操作方法：回复图书编号（图书定价左侧提示框内的4位数字）和你的邮箱地址到手机13611149991，2个工作日内即可在邮箱收到图书的全文电子版。

QQ群，读者间讨论着"读"

加入"**博瑞森读者群**（202230847、190415943）"的QQ讨论群，你的困惑、感受和读者、作者随时深入讨论！

操作方法：入群口令为"图书名称+手机号"。提个醒，群里有事说事，别乱发广告、搞笑段子，会被踢的。

微信、书摘邮件，天天点滴"读"

"书太厚，不容易读"——我们通过微信公号（bookgood2005）和你的个人邮箱，提供精品书摘，便于精华快速地吸收。

操作方法:扫一扫

分类导读图 + 书目

行业类：零售、白酒、食品/快消品、农业、医药、建材家居			
	书名．作者	内容/特色	读者价值
零售	涨价也能卖到翻 村松达夫 【日】	提升客单价的 15 种实用、有效的方法	日本企业在这方面非常值得学习和借鉴
零售	1. 总部有多强大，门店就能走多远 2. 超市卖场定价策略与品类管理 3. 连锁零售企业招聘与培训破解之道 4. 中国首家未来超市：解密安徽乐城 IBMG 国际商业管理集团 著	国内外标杆企业的经验 + 本土实践量化数据 + 操作步骤、方法	通俗易懂，行业经验丰富，宝贵的行业量化数据，关键思路和步骤
零售	零售：把客流变成购买力 丁 昀 著	如何通过不断升级产品和体验式服务来经营客流	如何进行体验营销，国外的好经营，这方面有启发
白酒	变局下的白酒企业重构 杨永华 郭 旭 著	帮助白酒企业从产业视角看清趋势，找准位置，实现弯道超车的书	行业内企业要减少 90%，自己在什么位置，怎么做，都清楚了
白酒	1. 白酒营销的第一本书 2. 白酒经销商的第一本书 唐江华 著	华泽集团湖南开口笑公司品牌部长，擅长酒类新品推广、新市场拓展	扎根一线，实战
白酒	区域型白酒企业营销实战第 1 书 朱志明 著	为区域型白酒企业提供 35 条必胜法则，在竞争中赢销的葵花宝典	丰富的一线经验和深厚积累，实操实用
快消品·食品	乳业营销第一书 侯军伟 著	对区域乳品企业生存发展关键性问题的梳理	唯一的区域乳业营销书，区域乳品企业一定要看
快消品·食品	食用油营销第一书 余 盛 著	10 多年油脂企业工作经验，从行业到具体实操	食用油行业第一书，当之无愧
快消品·食品	中国茶叶营销第一书 柏 龑 著	如何跳出茶行业“大文化小产业”的困境，作者给出了自己的观察和思考	不是传统做茶的思路，而是现在商业做茶的思路
快消品·食品	变局下的快消品营销实战策略 杨永华 著	通胀了，成本增加，如何从被动应战变成主动的“系统战”	作者对快消品行业非常熟悉、非常实战
快消品·食品	调味品营销第一书 陈小龙 著	国内唯一一本调味品营销的书	唯一的调味品营销的书，调味品的从业者一定要看
快消品·食品	快消品营销：一位销售经理的工作心得 2 蒋 军 著	快消品、食品饮料营销的经验之谈，重点突出	来源于实战的精华总结
快消品·食品	快消品营销与渠道管理 谭长春 著	将快消品标杆企业渠道管理的经验和方法分享出来	可口可乐、华润的一些具体的渠道管理经验，实战
快消品·食品	成为优秀的快消品区域经理 伯建新 著	37 个“怎么办”分析区域经理的工作关键点	可以作为区域经理的‘速成催化器’
农业	农资营销实战全指导 张 博 著	农资如何向“深度营销”转型，从理论到实践进行系统剖析，经验资深	朴实、使用！不可多得的农资营销实战指导
农业	农产品营销第一书 胡浪球 著	从农业企业战略到市场开拓、营销、品牌、模式等	来源于实践中的思考，有启发
农业	变局下的农牧企业 9 大成长策略 彭志雄 著	食品安全、纵向延伸、横向联合、品牌建设……	唯一的农牧企业经营实操的书，农牧企业一定要看
医药	新医改下医药营销与团队管理 史立臣 著	探讨新医改对医药行业的系列影响和医药团队管理	帮助理清思路，有一个框架
医药	医药营销与处方药学术推广 马宝琳 著	如何用医学策划把“平民产品”变成“明星产品”	有真货、讲真话的作者，堪称处方药营销的经典！
医药	新医改了，药店就要这样开 尚 锋 著	药店经营、管理、营销全攻略	有很强的实战性和可操作性
医药	OTC 医药代表药店开发与维护 鄢圣安 著	要做到一名专业的医药代表，需要做什么、准备什么、知识储备、操作技巧等	医药代表药店拜访的指导手册，手把手教你快速上手

续表

建材家居	建材家居营销实务 程绍珊　杨鸿贵　主编	价值营销运用到建材家居，每一步都让客户增值	有自己的系统、实战
	建材家居门店销量提升 贾同领　著	店面选址、广告投放、推广助销、空间布局、生动展示、店面运营等	门店销量提升是一个系统工程，非常系统、实战
	10步成为最棒的建材家居门店店长 徐伟泽　著	实际方法易学易用，让员工能够迅速成长，成为独当一面的好店长	只要坚持这样干，一定能成为好店长
	卖好家具很简单：建材家居导购一本通 熊亚柱　著	生动的表现形式，让普通人也能成为优秀的导购员，让门店业绩长红	读着有趣，用着简单，一本在手、业绩无忧
工业品	解决方案营销实战案例 刘祖轲　著	用10个真案例讲明白什么是工业品的解决方案式营销，实战、实用	有干货、真正操作过的才能写得出来
	变局下的工业品企业7大机遇 叶敦明　著	产业链条的整合机会、盈利模式的复制机会、营销红利的机会、工业服务商转型机会……	工业品企业还可以这样做，思维大突破
	工业品市场部实战全指导 杜　忠　著	工业品市场部经理工作内容全指导	系统、全面、有理论、有方法，帮助工业品市场部经理更快提升专业能力
金融	精品银行管理之道 崔海鹏　何屹　主编	中小银行转型的实战经验总结	中小银行的教材很多，实战类的书很少，可以看看
	支付战争 Eric M. Jackson 著 徐　彬　王　晓　译	paypal 创业期营销官根据自己的亲身经历，讲述 paypal 从诞生到壮大到成功出售的整个历史过程	激烈、有趣的内幕商战故事！了解美国支付市场的风云巨变
餐饮	餐饮企业经营策略第1书 吴　坚　著	分别从产品、顾客、市场、盈利模式等几个方面，对现阶段餐饮企业的发展提出策略和思路	第一本专业的、高端的餐饮企业经营指导书

经营类：企业如何赚钱，如何抓机会，如何突破，如何“开源”

	书名．作者	内容/特色	读者价值
抓方向	让经营回归简单．升级版 宋新宇　著	化繁为简抓住经营本质：战略、客户、产品、员工、成长	经典，做企业就这几个关键点！
	公司由小到大要过哪些坎 卢　强　著	老板手里的一张“企业成长路线图”	现在我在哪儿，未来还要走哪些路，都清楚了
	企业二次创业成功路线图 夏惊鸣　著	企业曾经抓住机会成功了，但下一步该怎么办？	企业怎样获得第二次成功，心里有个大框架了
	老板经理人双赢之道 陈　明　著	经理人怎养选平台、怎么开局，老板怎样选/育/用/留	老板生闷气，经理人牢骚大，这次知道该怎么办了
	企业文化的逻辑 王祥伍　黄健江　著	为什么企业绩效如此不同，解开绩效背后的文化密码	少有的深刻，有品质，读起来很流畅
	使命驱动企业成长 高可为　著	钱能让一个人今天努力，使命能让一群人长期努力	对于想做事业的人，‘使命’是绕不过去的
思维突破	跳出同质思维，从跟随到领先 郭　剑　著	66个精彩案例剖析，帮助老板突破行业长期思维惯性	做企业竟然有这么多玩法，开眼界
	7个转变，让公司3年胜出 李　蓓　著	消费者主权时代，企业该怎么办	这就是互联网思维，老板有能这样想，肯定倒不了
	麻烦就是需求　难题就是商机 卢根鑫　著	如何借助客户的眼睛发现商机	什么是真商机，怎么判断、怎么抓，有借鉴
	重生战略：移动互联网和大数据时代的转型法则 沈　拓　著	在移动互联网和大数据时代，传统企业转型如同生命体打碎与再造，称之为“重生战略”	帮助企业认清移动互联网环境下的变化和应对之道
	互联网思维下的企业战略转型 李　蓓　著	本书阐述了传统企业在互联网思维下的战略转型之路：重新定义产品——重新寻找客户——重新发现价值	利用互联网思维结合自己已有的竞争优势，你也可以创建一个有着无限成长空间的新企业

续表

<table>
<tr><th colspan="4">管理类：效率如何提升，如何实现经营目标，如何“节流”</th></tr>
<tr><th></th><th>书名．作者</th><th>内容/特色</th><th>读者价值</th></tr>
<tr><td rowspan="6">通用管理</td><td>1. 让管理回归简单．升级版
2. 让用人回归简单
3. 让经营回归简单．升级版
宋新宇　著</td><td>宋博士的“简单”三部曲，影响20万读者，非常经典</td><td>被读者热情地称作“中小企业的管理圣经”</td></tr>
<tr><td>边干边学做老板
黄中强　著</td><td>创业20多年的老板，有经验、能写、又愿意分享，这样的书很少</td><td>处处共鸣，帮助中小企业老板少走弯路</td></tr>
<tr><td>阿米巴经营的中国模式
李志华　著</td><td>让员工从“要我干”到“我要干”，价值量化出来</td><td>阿米巴在企业如何落地，明白思路了</td></tr>
<tr><td>欧博心法：好管理靠修行
曾　伟　著</td><td>用佛家的智慧，深刻剖析管理问题，见解独到</td><td>如果真的有‘中国式管理’，曾老师是其中标志性人物</td></tr>
<tr><td>1. 用流程解放管理者
2. 用流程解放管理者2
张国祥　著</td><td>中小企业阅读的流程管理、企业规范化的书</td><td>通俗易懂，理论和实践的结合恰到好</td></tr>
<tr><td>跟我们学建流程体系
陈立云　著</td><td>畅销书《跟我们学做流程管理》系列，更实操，更细致，更深入</td><td>更多地分享实践，分享感悟，分享从实践总结出来的方法论</td></tr>
<tr><td rowspan="8">人力资源</td><td>走出薪酬管理误区
全怀周　著</td><td>剖析薪酬管理的8大误区，真正发挥好枢纽作用</td><td>值得企业深读的实用教案</td></tr>
<tr><td>回归本源看绩效
孙　波　著</td><td>让绩效回顾“改进工具”的本源，真正为企业所用</td><td>确实是来源于实践的思考，有共鸣</td></tr>
<tr><td>集团化人力资源管理实践
李小勇　著</td><td>对搭建集团化的企业很有帮助，务实，实用</td><td>最大的亮点不是理论，而是结合实际的深入剖析</td></tr>
<tr><td>人才评价中心．超级漫画版
邢　雷　著</td><td>专业的主题，漫画的形式，只此一本</td><td>没想到一本专业的书，能写成这效果</td></tr>
<tr><td>我的人力资源咨询笔记
张　伟　著</td><td>管理咨询师的视角，思考企业的HR管理</td><td>通过咨询师的眼睛对比很多企业，有启发</td></tr>
<tr><td>本土化人力资源管理8大思维
周　剑　著</td><td>成熟HR理论，在本土中小企业实践中的探索和思考</td><td>对企业的现实困境有真切体会，有启发</td></tr>
<tr><td>把招聘做到极致
远　鸣　著</td><td>作为世界500强高级招聘经理，作者数十年招聘经验的总结分享</td><td>带来职场思考境界的提升和具体招聘方法的学习</td></tr>
<tr><td>如何成功实施战略绩效管理
曹子祥　著</td><td>本书用轻松易懂的语言，将专业的理论浅显化，让绩效管理更容易</td><td>深入浅出，一本书学会做绩效</td></tr>
<tr><td rowspan="3">企业文化</td><td>华夏基石方法：企业文化落地本土实践
王祥伍　谭俊峰　著</td><td>十年积累、原创方法、一线资料，和盘托出</td><td>在文化落地方面真正有洞察，有实操价值的书</td></tr>
<tr><td>企业文化的逻辑
王祥伍　著</td><td>为什么企业之间如此不同，解开绩效背后的文化密码</td><td>少有的深刻，有品质，读起来很流畅</td></tr>
<tr><td>企业文化激活沟通
宋杼宸　安琪　著</td><td>透过新任HR总经理的眼睛，揭示出沟通与企业文化的关系</td><td>有实际指导作用的文化落地读本</td></tr>
<tr><td rowspan="3">生产管理</td><td>高员工流失率下的精益生产
余伟辉　著</td><td>中国的精益生产必须面对和解决高员工流失率问题</td><td>确实来源于本土的工厂车间，很务实</td></tr>
<tr><td>车间人员管理那些事儿
岑立聪　著</td><td>车间人员管理中处理各种“疑难杂症”的经验和方法</td><td>基层车间管理者最闹心、头疼的事，‘打包’解决</td></tr>
<tr><td>1. 欧博心法：好管理靠修行
2. 欧博心法：好工厂这样管
曾　伟　著</td><td>他是本土最大的制造业管理咨询机构创始人，他从400多个项目、上万家企业实践中锤炼出的欧博心法</td><td>中小制造型企业，一定会有很强的共鸣</td></tr>
</table>

续表

生产管理	欧博工厂案例1:生产计划管控对话录 欧博工厂案例2:品质技术改善对话录 欧博工厂案例3:员工执行力提升对话录 曾　伟　著	最典型的问题、最详尽的解析,工厂管理9大问题27个经典案例	没想到说得这么细,超出想象,案例很典型,照搬都可以了
员工素质提升	跟老板"偷师"学创业 吴江萍　余晓雷　著	边学边干,边观察边成长,你也可以当老板	不同于其他类型的创业书,让你在工作中积累创业经验,一举成功
	销售轨迹:一位快消品营销总监的拼搏之路 秦国伟　著	本书讲述了一个普通销售员打拼成为跨国企业营销总监的真实奋斗历程	激励人心,给广大销售员以力量和鼓舞
	在组织中绽放自我:从专业化到职业化 朱仁健　王祥伍　著	个人如何融入组织,组织如何助力个人成长	帮助企业员工快速认同并投入到组织中去,为企业发展贡献力量
	用弟子规助理好事业 贾同领　著	从传统文化《弟子规》中学习企业中为人处事的办法,从自身做起	点滴小事,修养自身,从自身的改善得到事业的提升

营销类:把客户需求融入企业各环节,提供"客户认为"有价值的东西

	书名.作者	内容/特色	读者价值
营销模式	变局下的营销模式升级 程绍珊　叶宁　著	客户驱动模式、技术驱动模式、资源驱动模式	很多行业的营销模式被颠覆,调整的思路有了!
	卖轮子 科克斯　【美】	小说版的营销学!营销核心理念巧妙贯穿其中,贵在既有趣,又有深度	经典、有趣!一个故事读懂营销精髓
	弱势品牌如何做营销 李政权　著	中小企业虽有品牌但没名气,营销照样能做的有声有色	没有丰富的实操经验,写不出这么具体、详实的案例和步骤,很有启发
	老板如何管营销 史贤龙　著	不要认为营销就是4个P、C、R的概念游戏,揭开营销智慧助力企业成功的内在奥秘	高段位营销16招,好学好用,老板能看,营销人也能看
	动销:产品是如何畅销起来的 吴江萍　余晓雷　著	真真切切告诉你,产品究竟怎么才能卖出去!突破产品滞销困局的实战宝典	击中痛点,提供方法,你值得拥有
组织和团队	升级你的营销组织 程绍珊　吴越舟　著	用"有机性"的营销组织力替代"营销能人",把营销团队变成"铁营盘"	营销队伍最难管,程老师不愧是营销第1操盘手,步骤、方法都很成熟
	用数字解放营销人 黄润霖　著	通过量化帮助营销人员提高工作效率	作者很用心,很好的常备工具书
	成为优秀的快消品区域经理 伯建新　著	37个"怎么办"分析区域经理的工作关键点	可以作为区域经理的'速成催化器'
	一位销售经理的工作心得 蒋　军　著	一线营销管理人员想提升业绩却无从下手时,可以看看这本书	一线的真实感悟
	快消品营销:一位销售经理的工作心得2 蒋　军　著	快消品、食品饮料营销的经验之谈,重点突出	来源于实战的精华总结
	销售轨迹:一位快消品营销总监的拼搏之路 秦国伟　著	本书讲述了 个普通销售员打拼成为跨国企业营销总监的真实奋斗历程	激励人心,给广大销售员以力量和鼓舞
案例	我们的营销真案例 联纵智达研究院　著	五芳斋粽子从区域到全国/诺贝尔瓷砖门店销量提升/利豪家具出口转内销/汤臣倍健的营销模式/娃哈哈联销体	选择的案例都很有代表性,实在、实操!
	招招见销量的营销常识 刘文新　著	如何让每一个营销动作都直指销量	适合中小企业,看了就能用
	解决方案营销实战案例 刘祖轲　著	用10个真案例讲明白什么是工业品的解决方案式营销,实战、实用	有干货、真正操作过的才能写得出来

续表

<table>
<tr><td>案例</td><td>中国首家未来超市：解密安徽乐城
IBMG 国际商业管理集团 著</td><td>零售企业的未来在哪里？本书深入挖掘了安徽乐城超市的试验案例，为零售企业未来的发展提供了一条可借鉴之路</td><td>通俗易懂，行业经验丰富，宝贵的行业量化数据，关键思路和步骤</td></tr>
<tr><td>产品</td><td>产品炼金术
史贤龙 著</td><td>帮助企业对打造畅销产品有一个全局性、框架性的认识</td><td>必须具备的思维和方法，避免在产品上再犯大的错</td></tr>
<tr><td rowspan="2">品牌</td><td>中小企业如何建品牌
梁小平 著</td><td>中小企业建品牌的入门读本，通俗、易懂</td><td>对建品牌有了一个整体框架</td></tr>
<tr><td>采纳方法：破解本土营销 8 大难题
朱玉童 编著</td><td>全面、系统、案例丰富、图文并茂</td><td>希望在品牌营销方面有所突破的人，应该看看</td></tr>
<tr><td rowspan="4">渠道通路</td><td>传统行业如何用网络拿订单
张 进 著</td><td>给老板看的第一本网络营销书</td><td>适合不懂网络技术的经营决策者看</td></tr>
<tr><td>采纳方法：化解渠道冲突
朱玉童 编著</td><td>系统剖析渠道冲突，21 个最新的渠道冲突案例、情景式讲解，37 篇专题讲义</td><td>系统、全面</td></tr>
<tr><td>快消品营销与渠道管理
谭长春 著</td><td>将快消品标杆企业渠道管理的经验和方法分享出来</td><td>可口可乐、华润的一些具体的渠道管理经验，实战</td></tr>
<tr><td>学话术 卖产品
张小虎 著</td><td>分析常见的顾客异议，提出破解方案，将复杂的销售程序化，将优秀的话术模块化</td><td>让普通导购员也能成为销售精英</td></tr>
</table>